JN200294

Tsurugisan

Awa

今、蘇る古代ヤマト【阿波】と世界の中心【剣山】

ヒストリカルディスクロージャー

Historical Disclosure

［著］
伊庭佳代
Kayo Iba

今、蘇る古代ヤマト【阿波】と
世界の中心【剣山】に寄せて――

阿波・徳島といえば、
空海の四国八十八ヶ所霊場にはじまり、
邪馬台国や古事記伝承、アーク伝説が残る剣山など
様々なスピリチュアルスポットが点在しています。
自らのルーツを遡ると阿波忌部に辿りつく。
八百万の神々を感じられる古代ヤマトのルーツも
遡れば阿波・徳島にあると感じられる作品です。

徳島県知事　後藤田正純

今、蘇る古代ヤマト【阿波】と世界の中心【剣山】に寄せて

阿波・徳島といえば、空海の四国八十八ヶ所霊場にはじまり、
邪馬台国や古事記伝承、アーク伝説が残る剣山など
様々なスピリチュアルスポットが点在しています。
自らのルーツを遡ると阿波忌部に辿りつく。
八百万神の神を感じられる古代ヤマトのルーツも
遡れば阿波・徳島にあると感じられる作品です。

徳島県知事　後藤田正純

はじめに

はじめまして、阿波歴史まほろば探究家の伊庭佳代と申します。

さて、徳島県といえば何を思い起こされるでしょうか？

阿波踊りやすだち、半田そうめん、渦潮、祖谷《いや》のかずら橋……など。

世間一般から見ると地味で目立たず、阿波踊りの時期だけ注目されるなど、毎年魅力度調査でも下位に位置していますが、われわれ徳島県人には隠さなければならないことがあり、実は長年目立たぬよう慎ましく生活していたのです。

ではその隠さなければならないこととは何か、徳島県の剣山にはソロモン王の秘宝（失われた聖櫃《アーク》）が眠っている、邪馬台国は阿波だった、世界の始まりは徳島（イ国）であった、という教科書が書き換えられるくらいの重要な場所が徳島県なのだということです。

このことを書籍を手に取っていただいた皆様にわかりやすくお伝えしたいと思い、親交のある方々にインタビューという形式でお話を聞かせていただきました。

この書籍を読んでいただくことで点と点が繋がり、徳島県へ訪れるきっかけとなりましたら幸いです。

そして、徳島県は豊富な自然が生み出す海の幸、山の幸など素晴らしいものや風景で溢れています。それは徳島県が大宜都比売神《オオゲツヒメノカミ》の国だからです。大宜都比売神の恵みを堪能する旅もおすすめです。

私がこのことをぼんやりと知ったのは幼少期、そして時は流れ、ソロモン王の秘宝が眠っている山が私の生まれ育った町にある⁉ インディ・ジョーンズのあの『レイダース／失われたアーク《聖櫃》』のアークのことなのか⁉ などなど夢とロマンを感じていた時、私は友人に誘われ地元の美馬青年会議所へと入会することとなりました。

この青年会議所というのは個人の修練・社会への奉仕・世界との友情の3信条を揚げ、明るい豊かな社会の実現を目指して同じ志を持った仲間が集い行動していく団体です。

2014年にまちづくり委員会委員長をすることとなり、この伝説を町・県・国の宝に昇華させたいとの思いでシンポジウムを開く計画をたてました。

そこで、特に地元の人に知ってもらいたい、そしてより多くの人に集まっていただきたいと考え、月刊ムーの編集長、三上丈晴さんに基調講演をお願いしたいと思い、本書に登場する阿波古事記研究会副会長・三村隆範さんを通じ、三上編集長に取り次いでもらい思いの丈を手紙に綴り三上編集長に送りました。その後、晴れてシンポジウムに参加いただけることとなりました。開催には様々な困難がありましたが、関係各所の協力のもと300名にものぼる方々に参加いただき、剣山はもとより徳島の素晴らしさを発信できたと思っています。

そして改めてこの徳島にはまだまだすごいことが眠っているのでは？と感じました。

はじめて三村さんにお会いした時、3時間ほど古事記についてのお話を聞き、古事記の舞台が徳島に集中しちりばめられていることを教えていただきましたが、この頃の私はまだ古事記の知識があまりなくお話の半分も理解できていませんでした。

しかし、そこで今でも鮮明に記憶に残っている言葉があり、それがあるからこそ十数年にわたり学び続け発信していける原動力となっています。

その言葉は、「初代天皇　神武天皇の和名はカムヤマトイワレビコと言います。イワの部分は伊波と書き、伊（徳島はイ国）から全土に波が起こりヤマトができたんだと思うよ。そして伊波が元として伊庭となっていったんではないのかな？　ということは、伊庭さんは神武天皇の子孫かもしれない。波を起こして発信をしていく使命があるんでないんかな」との言葉に、伊の民としてやらなければならないことなのだと妙に納得して今に至っております。

そしてその後、白地山地蔵寺・粟飯原《あいはら》興禅《こうぜん》住職にもシンポジウムのパネリストや冊子制作など多大なご協力をいただき、その中で語られる聖書研究家の高根三教先生との交流や、粟飯原住職自身の長年の研究を記録として残さなければならないと考え、ソロモンクロニクルという

YouTubeチャンネルを開設して不定期ではありますが配信をしています。現在も粟飯原住職には事あるごとに無茶なお願いをしつつご教授をいただいています。

そして第6章に登場いただいている古代史研究家の古市政春さんとは、三村さんの開催する古事記講座でお会いしました。天皇の国師であった三上照夫さんのお弟子さんとして、第三の文化論に精通されており、星や滝など自然から読み解く地球の理や地球を飛び出し宇宙にまで及ぶお話に驚くとともに興味深いことの連続でとても刺激になります。

マリアさんとは昨年（2023年）の8月にはじめてお会いしました。とても穏やかで包み込む母性に溢れた方です。剣山や神社へご一緒させていただいた折には、目を輝かせ探究心旺盛でその都度、真実のキリスト教についてお教えくださいました。

キリスト教の真理を知るにつれ、マリアさんは本当のキリストの教えを体現しているように感じます。

この十数年はとても刺激に溢れた貴重な出会いの連続でした。私の座右の銘は、陽気に楽しく・一期一会です。この言葉をいつも心に思いながら生きてきました。

悩むこと苦しいことも多々ありましたが、この言葉を思い浮かべ、思い立ったら吉日！　で今まで猪突猛進してきました。今も素晴らしい出会が続いており、今回書籍の出版に際しても、ご協力いただいているライターの小笠原英晃さんとは偶然の出会いから始まり、この度、徳島県(阿波)・剣山の謎を解くため改めて深く考える機会ができ、とても嬉しく思います。

この書籍出版に限らず、様々な場面でたくさんの方々のご協力、ご支援をいただきながらこれまで進んできました。そしてこれからもご迷惑などたくさんおかけするかと思いますが、つるぎ町、徳島県、日本を愛する気持ちをこの書籍で感じていただき、これからもご協力、ご支援、ご理解を何卒お願いいいたします。

これからも皆が幸せに暮らせる世となることを願い、探究を続け精進してまいります。

令和6年6月吉日

伊庭佳代

今、蘇る古代ヤマト【阿波】と世界の中心【剣山】　目次

第1章　ソロモン王の秘宝と剣山

第2章　彼らはなぜ東の果ての国にやって来たのか!?

第3章　邪馬台国は阿波だった!!

第4章 阿波古事記の真相を語る

第5章　古代ヤマトと阿波踊りのルーツを辿る

第6章　剣山・古代ヤマトの女王国が注目される理由《わけ》

カバーデザイン　森 瑞（4Tune Box）
編集協力　小笠原英晃
校正　麦秋アートセンター
本文仮名書体　文麗仮名（キャップス）

第1章

ソロモン王の秘宝と剣山

失われた聖櫃（レプリカ）
製作者：不動産鑑定士で「聖書と日本フォーラム」事務局長 黒木《くろき》 中《あたる》氏

剣山頂上

剣山から見た次郎笈

次郎笈から見た剣山

コラム

【霊峰剣山】

剣山《つるぎさん》は四国の徳島県に位置する標高1955mの山で、近畿以西の西日本および四国第二の高峰であり、徳島県の最高峰。徳島県三好市東祖谷、美馬市木屋平、那賀郡那賀町木沢の間に位置する日本百名山の一つ。別名太郎《たろうぎゅう》笈と呼ばれ、南西側の次郎《じろうぎゅう》笈と対峙する。笈とは竹で編んだ背負い籠（入れ物）。

【剣山にまつわる伝承】

剣山には昔から大変興味深い伝承があります。最も有名なのが「失われた聖櫃《アーク》」が眠るといわれる伝承です。アークはアカシアの木で造られ、内側と外側は金箔で覆われていて、上部には2人の天使ケルビムが翼を広げて向かい合っており、下部には担ぐための2本の棒があるとされていることから、その形状が日本の神輿に酷似しているとも言われます（16ページ写真参照）。

剣山周辺には、日本神話に登場する「天岩戸」（立岩神社）や「卑弥呼の墓」（八倉比売《ヤクラヒメ》神社）などもあり、邪馬台（壹）国＝阿波（徳島）、天照大神《アマテラスオオカミ》＝卑弥呼説を唱える古代史研究家がいたり、剣山の入り口にある「栗枝渡《くりしど》八幡神社」には安徳天皇の御霊が一緒に祀られており、拝殿の瓦には十六花弁菊花紋が付いています。また祖谷地方では昔から次のような民謡が唄い継がれてきました。

九里きて、九里行って、九里戻る
朝日輝き、夕日が照らす
ない椿の根に照らす

祖谷の谷から何がきた
恵比寿大黒、積みや降ろした
伊勢の御宝、積みや降ろした
三つの宝は、庭にある
祖谷の空から、御龍車が三つ降る
先なる車に、何積んだ
恵比寿大黒、積みや降ろした、積みや降ろした
祖谷の空から、御龍車が三つ降る
中なる車に、何積んだ
伊勢の宝も、積みや降ろした、積みや降ろした
祖谷の空から、御龍車が三つ降る
後なる車に、何積んだ
諸国の宝を、積みや降ろした、積みや降ろした

三つの宝をおし合わせ　こなたの庭へ積みや降ろした、積みや降ろした

＊祖谷《いや》・イヤは古代ヘブライ語で「神よ！」という意味

「ソロモン王の秘宝は剣山にある」という剣山アーク伝説を提唱した髙根親子

剣山といえば、「ソロモン王の秘宝（失われた聖櫃《アーク》）」伝説があることで、スピリチュアルや古代史ファンの中で今最も注目されている山です。

古代イスラエル王国は、第3代ソロモン王の死後、南のユダ王国と北のイスラエル王国に分裂し、その後北イスラエル王国はアッシリア帝国に滅ぼされるのですが、この時にエルサレム神殿は破壊され、イスラエル人たちは首都バビロニアに連行されました。

ソロモン王の秘宝とは、その際にエルサレム神殿から持ち出されたとされる「契約の箱」とも呼ばれる聖櫃《アーク》のことです。そしてその中には、モーセがシナイ山で神から授かった「十戒が刻まれた2枚の石板」、モーセの兄アロンが海を二つに分けて渡った「アロンの杖」、天から降って来た食糧《マナ》を入れる「マナの壺」の神器が収められていると言われています。

約３０００年前に姿を消したイスラエルの失われた10支族と、スピルバーグ監督の『レイダース／失われたアーク《聖櫃》』でも知られる「契約の箱」はいったどこに行ってしまったのか？

現在のイスラエルでは、失われた10支族の探索と帰還に向けて「アミシャーブ」という専門機関を設け、ＤＮＡ鑑定を含めてすでにアジア各地で10支族の末裔を特定しており、最も有力な候補として日本の天皇家を挙げています。

とりわけ、祭祀を司るレビ族の末裔たちは今でも「契約の箱」の在りかを世界各地で探しているそうで、その有力な候補地の一つと見なされているのが四国の剣山です。

そんな剣山の麓のつるぎ町にある白地山地蔵寺の粟飯原興禅住職は、20代の頃からソロモン王の秘宝伝説に関心を持ち、研究を続けてこられました。

そもそものきっかけは、粟飯原住職が大学を卒業して地元に帰った時に、友人から「ソロモン王の秘宝の話を聞いたことがあるか？」と問われたことに始まります。

詳しく知らなかった住職は、友人と探索を始めるとともに、その根拠が書かれた聖書研究家の髙根正教《まさのり》さんの書かれた書籍『四國剣山千古の謎』を探しました。

しかしその本は絶版になっていることがわかり、どうしたものかと思っている時に出会ったのが髙根正教さんの研究を引き継いだご子息の髙根三教《かずのり》さんでした。この髙根親子が、二世代にわたってのべ90年間にも及ぶ調査研究を続けながら、「ソロモン王の秘宝は剣山にある」という剣山説を提唱し続けていたのです。

高根正教さんは元小学校の校長を務めた人物で、在職中に国語教科書の五十音図に接するうち、イ・ウ・エの同一音の文字が重複していることに疑問を抱いて言霊《ことたま》の研究に着手すると共に、日本神代史や聖書の研究を通して五十音言霊と聖書の内容が共通する原理に基づいていることを直覚。

そして、古事記にある「二名の島、四つの面あり」という記述と黙示録の「われ四人の天使、地の四隅に立て」とある記述は同一の意味であることなどを読み解いていくうちに、両方とも四国と密接な関係があることがわかり、四国は4つの顔を持つ天使ケルビムにしてスフィンクスでもあり、その耳に当たる徳島県の祖谷《いや》地方には古代ユダヤ民族の神宝、すなわちソロモンの秘宝が眠っているとの結論に至ります。

とりわけ、正教さんが注目したのが民謡の『かごめ　かごめ』に出てくる鶴と亀でした。かごめ↓籠の目↓ダヴィデ王（古代イスラエルの王）の紋章を示し、夜明けの晩↓夜が明ける↓よはね↓ヨハネ（イエスの使徒の1人）と繋がるのではないかと解釈でき、また剣山はかつて「鶴亀山」と書かれていたことから、ソロモンの秘宝があることを示す暗号だったとも考えられるからです。

しかも、『かごめ　かごめ』の歌詞をヘブライ語で訳すと次のような意味になるそうです。

剣山の鶴岩と亀岩

カゴ・メー　カゴ・メー　　誰が護る　誰が護る
カグ・ノェ・ナカノ・トリー　　硬く安置された物を取り出せ
イツィー・イツィー・ディユゥー　　契約の箱に閉じ込められた神器を
取り出せ
ヤーアカヴァニティー　　神譜を取り　代わるお守りを作っ
た
ツル・カメ・スーベッタ　　未開の地にたくさん水を引いて
ウッシラ・ショーメン・ダラ　　水を溜め　その地を統治せよ

3～4m四方の人工的な石板、アーチ状のレンガや渦巻き天井などが発見された

高根正教さんはその検証を行うべく、自ら私財を投げ打って調査隊を

結成し、昭和11年から3年間かけて四国4県及び剣山の発掘調査を行いました。

その結果、剣山の山頂付近には巨大な地下空間があることがわかり、そこから人為的に磨かれた鏡石、一辺3～4m四方の巨大な正方形の石板2枚が出土しました。またそれ以外にも、レンガで造られたアーチ状の天井のある空間や15mに及ぶ大理石でできたピラミッドなどが次々に発見されるなど、高根さんらの発掘調査によって剣山山頂は明らかに人工的に加工されたものであることが証明されたのです。

その時の発掘物は当局によって大半が持っていかれたものの、鏡石の破片は現在も見ノ越の「劔神社」に御神体として大切に保管されています。

さらに、戦後間もない頃、当時の海軍大将だった

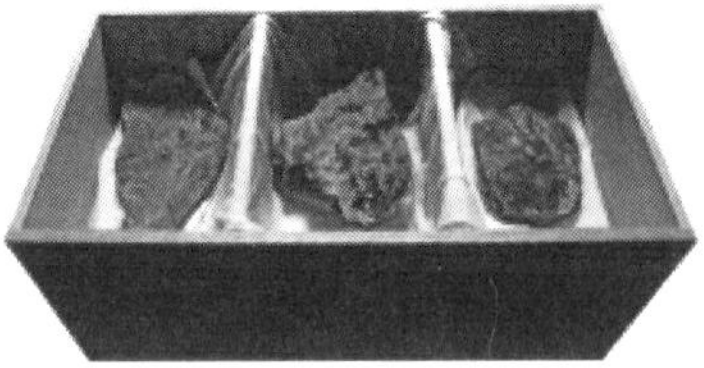

聖なる鏡石

山本英輔《えいすけ》氏が剣山の発掘調査を行っており、山本氏によるとその時には土器などの他、化石化したミイラが１００体近くも出てきたということです。

その経緯については地元の「徳島日報」（１９５２年8月26日付）でも報道され、山本氏は「剣山の山頂がユダヤ民族の遺跡であることがはっきりしてきた」と述べています。

残念ながらソロモンの秘宝は発見されなかったものの、ミイラはＧＨＱがアメリカに持ち帰って分析した結果、明らかに人間のミイラと思われるものは8体で、ＤＮＡ調査によると女性の倭人だったとも伝えられています。

正教さんのご子息である三教《かずのり》さんも父・正教さんの学説を継承し、「四国剣山顕彰学会」の活動を引き継いで言霊《コトタマ》学の普及活動を行うと共に、『ソロモンの秘宝』などの著作を出版するなど、正教さん亡き後も剣山や言霊に関する勉強会を各地で積極的に開催されていました。

髙根三教さんが剣山の近くにある天の岩戸とされる天磐戸《あまのいわと》神社を訪れた際、ガイド役を務めることになったのが地元の栗飯原住職でした。そこで、三教さんと直接話をする機会を得た栗飯原住職は、それ以降、剣山伝説のロマンにのめり込んでいったそうです。

また、栗飯原住職と同じ剣山顕彰学会の主要メンバーのお一人で静岡

髙根三教さん

学研刊

在住の栗嶋勇雄さんは、30年以上言霊学と古事記や聖書を研究され、三教さん亡き後にその間の経緯をまとめた『四国剣山に封印されたソロモンの秘宝』を出版されています。

四国剣山顕彰学会の活動は三教さん亡き後も続けられており、髙根親子のご遺骨と位牌は三教さんのご意向によって白地山地蔵寺に納められました。そして、栗飯原住職は髙根親子から引き継いだ莫大な資料を保管するために、２０２２年にお寺の敷地内に「髙根資料館」を開設し、剣山の案内役を務められています。

というわけで、ここからは栗飯原住職にご登場いただくことにしましょう。

古事記や聖書の記述と照らし合わせるために四国全県を訪ねて調査した高根正教

【解説】 粟飯原興禅《あいはらこうぜん》さん

真言宗御室派白地山地蔵寺住職・高根資料館代表・四国剣山顕彰学会会員。徳島県美馬郡つるぎ町一宇在住。

僕がソロモンの秘宝伝説に興味を持つようになったのは27、8歳の頃で、高根正教先生が書かれた『四國劍山千古の謎』という本があるという話を聞いたのがきっかけでした。

でも東京の書店に問い合わせたら、その本はもう絶版になっていたのでがっかりしていたんです。

それと、当時まだ地元の青年会がなかったので、僕が「一揆の会」という青年会をつくって初代会長になっていろんな活動をしていたんですが、ちょうどその頃に髙根三教先生とお会いすることができたんです。

三教先生が天磐戸神社に行く時に僕が案内をすることになって、地元の青年会のメンバーたちと一緒に登ってお話を聞かせていただいたんですが、後から講演料の請求が来てびっくりしました。こちらはただ案内をすればいいと思っていただけなので（笑）。

結局、講演料はお支払いしなくてよくなったんですが、それがきっかけで地元のみんなで四国剣山顕彰学会に入って勉強を始め、その時のメンバーは今も欠けずに続いています。

そんなことがあってから、髙根先生が剣山に来られる時には僕らが案内をするようになったんですが、ある時、先生から連絡があって、アントニオ猪木さんが剣山に行きたいと言っているから案内してほしいと頼まれたこともありました。今から34年も前の話です。

でもその時期、猪木さんは講演会で暴漢に襲われ後頭部を切られて15針も縫った後で、徳島に来られるのが抜糸した次の日だったので、できれば4、5人で護衛をしてほしいと言われたので、青年会のがたいのいいメンバー6人を揃えてみんなで猪木さんをお迎えしました。

ちなみに、その頃、「ソロモンの秘宝伝説なんかよりもっとまともな歴史を勉強したら」と嫌味を言っていた地元の人たちが今は何て言っているかというと、「剣山、すごいねー!!」と言いながら感心しています(笑)。

お父さんの髙根正教先生が昭和の初め（1930年代）に剣山の発掘調査ができたのは、すごい資産を持っておられたからです。当時で4億ほどあったそうですが、それは宝物を掘るための会を立ち上げたからで、その会に1億円寄付した人もいたそうです。

ですから、発掘調査にかかる費用は全部高根先生が出していたんです。それで言霊で解いた古事記や聖書の記述と照らし合わせるために、徳島だけでなく四国全県の遺跡や神社を訪ねて何度も来られていたようです。

中でも、石尾神社にはすでに大正時代の頃に調査に来られていたそうです。石尾神社は剣山に向かう参道にあって、昔から巨石の割れ目の中に「金の鶏」が埋蔵されたという伝承があるんです。

特に、高根先生が小学校をやめられてからは頻繁に四国に来られていて、地元の人も知らないような場所をくまなく訪ね歩いた、そんなご苦労があってソロモンの秘宝が眠っているのは剣山に違いないと結論づけられたわけで、これは本当にすごいことだと思います。

海軍大将の山本英輔が発掘調査をした時も、本当は高根先生も一緒に来られる予定だったのが、奥様が病気になられたので来られなくなったようです。

その時にミイラが出てきたのは確かで、徳島日報にもその記事が掲載されています。なのになぜかその時の新聞はいくら探しても見つからないので、もしかしたら当局に没収されたのかもしれません。実際に何体ミイラが出てきたのかは今となってはわかりませんが…。

言霊で読み解くと
アークは神道の三種の神器や仏教の五秘密とも重なる

三教先生はとても小柄な方でしたが、すごくバイタリティーがあって喋り出したら止まらない、勉強会も夜中の2時、3時まで続くので、最初はおもしろくてもそれだけ長いとわけがわからなくなることが多々ありました（笑）。

僕たちは三教先生がこちらに来られた時に勉強をさせていただいていたんですが、剣山顕彰学会としては東京でずっと定期的に開かれていました。メンバーの栗嶋勇雄さんが2013年に学研から『四国剣山に封印されたソロモンの秘宝』を出版されたのも、三教先生から本を出すようにすすめられていたからです。

僕が髙根先生の言霊《コトタマ》学の研究に対して確信を得た理由は、それまで仏教に関する一般的な解釈に対していくつか疑問があったのが、髙根先生から言霊を学ぶことでその疑問が解けたからです。

密教の宇宙観では、世界は実在の金剛界と母胎に当たる胎蔵界から成る大日如来の化身と捉え、金剛界は梵字の「バン」、胎蔵界は「アーク」と発音するんですが、これは仏教やユダヤ・キリスト教などといった宗教をすべて超越した世界が「ア」ということで、梵語でも言霊でも同じ意味になります。

つまり、梵語《サンスクリット》の始まりは「ア」で、言霊学でもすべての始まり根源が「ア」。そして、空海は愛弟子が亡くなった時に『阿字の子が　阿字のふるさと立ち出でて　また立ち帰る　阿字のふるさと』という歌を詠んでいて、この阿字《アジ》も根源的な宇宙、あの世のことです。

ようするに、私たちは誰もが「アから始まった子供たち」だということなんですね。このことが高根先生の言霊学を学んでなるほどと腑に落ちたんです。聖櫃のアークも神道の三種の神器と同じ根源的なものを意味していて、これは仏教の五秘密とも重なるんじゃないか、というように、言霊を学べば学ぶほど古事記と聖書の内容が一致してくるし、空海の教えも言霊と関連していることがわかってきたんです。

これは高根先生が古事記や聖書だけでなく、空海さんや密教のことを

梵字のアーク
（大日如来）

すごくよく研究されていたからで、先生はよく「空海さんほど超越していた人はいない」と言っていました。なので、僕から見たら髙根先生は聖書研究家というよりも、神道も仏教もすべて見えていたからこそいろんな謎が解けたんだろうと思います。

とはいえ、あまりにも奥が深すぎて僕らが少々聞きかじった程度ではわからない……。「剣山にアークがあるという根拠はどこから出てきたんですか？」とよく聞かれるんですが、それは私自身が知りたい（笑）。

でも、数あるアーク伝説の候補地の一つであることは間違いなくて、実際にいろんな研究家の方々が剣山に調査に来られているし、中でも正統なレビ族の末裔であられる元イスラエル駐日大使のエリ・コーヘンさんは少なくともこれまで3回来られています。

レビ族の末裔は何としてもアークを見つけ出したいという強い熱意を持っている

コーヘン大使は、磐境神明《いわさかしんめい》神社に残っている古い石垣を見て「古代ユダヤとの深い関わりを感じる」と言われたり、倭大國魂神社にご案内した時にも、メノラー（燭台）と同じような形をしている神社の神紋を見られて「この紋がなぜここにあるの⁉」と聞かれ、僕としては神紋だからとしか言いようがありませんでした。

その時、大使が「あの紋は私たちしか絶対に使えない紋です」と言われたので後で調べてみたら、7本の燭台のメノラーはユダヤ教のシンボルで、イスラエルの国章にもなっているんですね。

コーヘン大使と一緒に剣山の山頂に登った時も不思議なことがありま

磐境神明神社の石垣
所在地：徳島県美馬市穴吹町口山

倭大國魂神社の三つ柏紋（左）と
メノラーをあしらったイスラエルの国章（右）

した。その時はあいにく山頂に濃い霧がかかっていて前がまったく見えない状態だったので、大使がしびれを切らしたように「粟飯原さん、向こうはどうなっていますか？」と聞いてこられたので、僕がしょうがなく「向こうは……」と言いながら指を前に向けたら、その瞬間にパァーっと霧が晴れ渡り、前方の景色がはっきりと見えてきたので大使がびっくりされたんです。

それで後日、人前で僕のことを「この人はすごい」と言ってくれたんですが、あれは僕の力じゃなくて、何としてもアークを探し出したいというコーヘン大使の強い想いのおかげだと思います。

コーヘン大使が言うには「私たちはイスラエルに第三神殿を建てないといけないのだけれど、アークがないと神殿を建てられない」とのことでした。

その後また淡路でお会いした時に、僕が「大使、アークは見つかりましたか？」とお聞きしたら、大使は「まだ見つかりません。世界中の人たちが純粋な目でそれを認めないと見つかるものではありません」と言われました。

僕は2度ほど大使のご案内役を務めたんですが、その時は僕が車で先導し、大使一行はジャンボタクシーに乗られ、一番後ろにSP（セキュリティポリス）の覆面パトカーがついていたので、すごく緊張したのを覚えています。

コーヘン大使は、大使を退かれてからもう一度ゆっくり来たいとおっしゃっていましたがその後、コロナのパンデミックになってしまったので今のところご連絡はいただいていません。

アーク伝説は、剣山以外にも、エチオピアのアクスムとかあるいはアメリカや伊勢神宮に収められているという説もありますが、とりわけ誇り高きレビ族の末裔の人たちは、何としてもアークを見つけ出したいという強い熱意を持っているのは確かだと思います。

アントニオ猪木さんやコーヘン大使以外にこれまでご案内した著名人と言えば、ハリウッドスターのショー・コスギさんなどもいましたが、彼は四国を舞台にした『空海の秘宝』という映画を製作されようとして動かれていました。(第2章へ続く)

第2章

彼らはなぜ東の果ての国にやって来たのか!?

金メダリストで元プロボクサーの村田諒太さんもやって来た

【粟飯原住職の解説】

２０２３年の夏には、ロンドンオリンピック金メダリストである元プロボクサーの村田諒太さんが来られて、後日、ご自身のInstagramにも「徳島の剣山が与えてくれるエネルギーはすごかった」と書かれていました。

その時に僕が聞いた話では、最初は村田さんの代母《だいぼ》であるクリスチャンの女性（マリアさん）が「剣山に行くように」というメッセージを受け取られて、村田さんと二人で剣山に行きましょうという話になったそうです（＊マリアさんの体験談については第6章で後述）。

そして、お二人がその話をされた直後に、徳島県の後藤田正純知事から村田さんに連絡が入り、子供にスポーツの指導をする際の課題や改善点について話を聞かせてほしいとの依頼を受けた村田さんが徳島新未来創生アドバイザーの委嘱を受け徳島県庁に来られることになったので、その翌日、僕と伊庭さんで剣山が見える美馬市の道の駅

［みまの里］天気の良い日、山頂からこの道の駅が見え、登山前や下山後にも山頂が眺められる場所である
所在地：徳島県美馬市美馬町字願勝寺72番地
電話：0883－63－3837

［みまの里］で村田さんとお会いすることになったんです。

その時にいろんなお話をしていて、僕は村田さんが剣山に呼ばれているような気がしたのでご本人にそうお伝えしたところ、それからわずか1ヶ月後に村田さんとマリアさんの二人でこちらに来られることになったんです。

しかも、その前日までは台風で天候が荒れていたのに、お二人が来られた2日間だけはずっと晴れていたのですごく満喫され、帰られた翌日からまたどしゃ降り状態になったので、やっぱりお二人は剣山に呼ばれていたんだなぁと思いました。

お二人共クリスチャンなので、事前に木内鶴彦さんから聞いていたイエス・キリストが剣山に来ていたという話をしてご案内しました。この木内さんから聞いたイエスの話はYouTube［ソロモンクロニクル］でもしています。

僕は最初に木内さんが来られた時にいろんなお話を聞かせてもらったんですが、正直言うと高根先生からイエスが剣山に来ていたという話を聞いていた時には半信半疑だったのが、平成15年5月30日に初めて木内さんにお会いした時にイエス（イサヤ）の話を聞いて確信が持てました。

その時木内さんたちは30数名の大人数で来られたんですが、来訪日の1週間前くらいから台風が四国に向かってきていました。でもまだ1週間もあるからそのうちにそれるだろうと思いながら毎日天気予報を見ていたら、そのまま直進してきて木内さんたちが来られる2日前の段階で「四国に上陸」との予報が出たので、さすがにキャンセルされるだろうと思ったんですが何の連絡もありませんでした。

2千年前剣山にいたイエスを目撃したという臨死体験者・木内鶴彦さんから聞いた話

前日になっても連絡がないので、しびれを切らしてこちらから木内さんに連絡をして「台風が上陸するみたいなので中止されますよね!?」と聞いたら、「いや、行きます」と言うので、えっー!? と驚きました。

仕方ないので、当日、雨の中をあちこち案内しながら、さすがに剣山の頂上までは行かないだろうと思って前の晩に木内さんに確認したら、「いや、頂上まで行きます」と言うんです。内心、ちょっとおかしな人なんじゃないかと思いながらも、宿泊先の宿で臨死体験の話や剣山に来ていたというイエスの目撃談をはじめてそこでお聞きして、髙根先生から聞いていた話と一致していたのですごく納得できたんです。

木内さんによると、イエスは剣山の洞窟の中にいたそうで、それを臨死体験で2千年前に遡って見たというのです。その頃の剣山ははげ山で、世界の中心（センター）だったらしく、イエスが最期を四国で迎えたのは剣山に天から光の柱が降りる時、その光と共に昇天できるからだということでした。

そんな話を聞いたので、それなら台風でも何としても頂上までご案内しないといけないなと思って、風速40ｍの暴風雨の中を登って行きました。

途中、イエスがいたという洞窟をあちこち探し回った結果、最終的に木内さんが「ここだ！」という場所が見つかりました。洞窟はもう崩れていましたが、木内さんが臨死体験で見た場所は確かにここだということでした。

その後、木内さんが平成26（２０１４）年前後に来られた時にも剣山に光柱が立っているのが見えたそうで、光柱は11年毎に立つということでした。

それと、2回目に木内さんをご案内した時、剣山から南西方面にある次郎笈《じろうぎゅう》の鏡石を見た木内さんは「俺、この石を見たよ」とも言っていました。

木内さんは臨死体験の中で、お彼岸の中日(9月23日)に剣山の方向からすごい光が放たれているのを西側から見たそうで、木内さんの説明によるとこの鏡石はアマテラス族が作っていたもので、当時はこの鏡石を使って山と山の間で光通信をしていたそうです。

そんな話は今まで聞いたことがないのでびっくりしたんですが、木内さんによると、アマテラス族は光で交信をする人たちのことで剣山でこの石を作っていた、そしてその後で「だからアマ照らすだよ、あれはアマテラス職だね」とも言われたんです。

鏡石は水に濡れるとピカピカに光ります。実際に天磐戸神社にもこの鏡石があるので交信に使っていた可能性はあるし、木内さんが言うようにこの鏡石を使って天を照らしていたからアマテラス職なのかもしれません。

どうやって交信用の鏡石を作っていたのかも木内さんは見ていたそうで、巨石を削って石に何かを塗って熱を加えて磨いていたというので、その後で今の鏡石を見てみたら、確かにそのような痕跡がありました。

剣山周辺の巨石自体はほとんど風化していますが、次郎笈にある石なんかは今でも鏡のような感じに映りますから、まさに木内さんが見た世界が確かにそこにあったわけです。

ちなみに、おもしろいのが木内さんの生まれた年が１９５４年で、僕(粟飯原)は１９５６年生まれ。そして、剣山の標高は20～30年前に国土地理院が測定した時には１９５４mだったのが、その後なぜか１m積み石されて今は１９５５ｍになっています。

つまり、剣山は木内さんと僕の生まれ年のちょうど間の１９５５ｍなんです。

木内さんは臨死体験の記憶をその都度思い出されているようで、イエスだけでなく、もっと古い時代にモーセも日本に来ていると言っていました。

古代ユダヤ人たちがはるばる東の果ての国・日本にやって来たのは、よほどのことがあったからでしょう。

世界の中心・聖地だった剣山は今も巨樹の宝庫

今、僕が思っているのは、高根先生が発掘調査のために掘った穴を再調査できないだろうかということです。

もちろん、今は国定公園になっているので関係各所の許可が必要ですが、もし許可が下りればすごい発見があるかもしれないので、そのためのプロジェクトを立ち上げたらいいんじゃないかなと思っています。

地元の県会議員にも関心を持ってくれている人たちがいるので、その人たちや地元の有志を中心に実行委員会を作ってまず県に働きかけ、ちゃんと岩盤調査を行った上で関係各所の許可を得て発掘調査ができればいいんじゃないかな、と。

もし髙根先生たちが発掘した鏡石の残りが出てくればそれだけでも大変なことになるし、仮に発掘するのがムリだったとしても、調査のためのプロジェクトを立ち上げて多くの人に関心を持ってもらうこと自体、とても大事なことなんじゃないでしょうか。

髙根先生によると、剣山はかつて地球のセンターだったそうです。

まず六甲山は六芒星のダビデの紋で、その下に神の戸（神戸）があり、隣の明石＝証から東経135度（ヒミコ）の子午線が淡路島を通っている。髙根先生は、この世界の中心を示す子午線の位置が、今はずれているけれど元々は剣山の一宇を通っていたと言っていました。

木内さんも「剣山は世界の聖地だった」と、髙根先生とまったく同じようなことを言っています。それと、木内さんは宇宙が始まる時の光景も見ていて、それは渦だったそうですが、僕はその渦が「ア」だと思っていて、阿《ア》波《ワ》の波《ワ》も始まりの渦、だから僕は、ここが世界の聖地だったことは間違いないと思っているんです。

また、剣山周辺に残っている巨大な鏡石、磐座は神の依代で、そこから神道に発展し、また役行者や空海の神仏混合にも繋がっていきます。そして昔から、日本は世界の雛型で、日本で起きることは世界でも起きると言われます。

その意味でも、まさに阿波は始まりの地なので、剣山の再発掘プロジェクトはいろんな意味で原点回帰に繋がります。

とりわけ今、宗教対立が激しくなっている時期なので、いろんな宗教の壁を超えて世界平和の原点に立ち返るためにも、ぜひ剣山に目を向けていただければ嬉しいなと思っています。

ただし、一つだけ注意していただきたいのは、昔からこの地域の豊かな自然が保たれてきたのは、大規模な開発がされてこなかったからで、だからこそ貴重な巨樹がたくさん残っているということをぜひ皆さんに知っておいていただきたいんです。

この自然環境をダメにするのも人間だし、守っていくのも私たち人間です。

どうかそのことを踏まえて、ぜひ一度剣山に会いにお越しください。

（以上、粟飯原さん談）

■参考動画
◎ソロモンクロニクル　剣山の秘宝1
https://www.youtube.com/watch?v=O1z9g8sb4BY&t=44s
◎ソロモンクロニクル　粟飯原住職　アークを語る!!
https://www.youtube.com/watch?v=pkGoZ55nugk

他にもある剣山と古代イスラエルとの繋がり

剣山では毎年、7月17日に霊峰剣山山頂大祭が行われます。

なんと、この日は旧約聖書の中に出てくるノアの箱舟がアララト山に漂着した日と同じで、同じ理由で京都の祇園祭も7月17日に行われると言われています。

神輿は普通、山から里に神様をお運びするものですが、剣山の場合は山頂へとお運びし、「エッサ」という掛け声と共に山頂を駆けます。このエッサはヘブライ語に訳すと「運びます」という意味です。

しかも、剣山の山頂近くには宝蔵石《ほうぞうせき》神社があり、文字通り解釈すれば、ここに本当にお宝が眠っていることを示唆しているとも思えます。

また、前述したように『かごめ　かごめ』の歌詞に「未開の地にたくさん水を引いて（ツル・カメ・スーベッタ）水を溜め、その地を統治せよ（ウッシラ・ショーメン・ダラ）」とあるように、四国の山上には数多くの池があった形跡があって、それらは人工的に造られた可能性もあります。

そして、山伏が額につける兜巾《ときん》とユダヤ教の神官の「ヒラクティリー」（小箱）や法螺貝と「ショーファー」と呼ばれる羊の角で作られた吹奏器の音色との類似……。

さらに、初代天皇とされる神武天皇の名前「カムヤマトイワレビコ・スメラミコト」をヘブライ語に訳すと「カム・ヤマトゥ・イヴリ・バコ・シュメロン・マクト」となり、「サマリヤの王、ヤハウェのヘブル民族の高尚な創設者」という意味になり、サマリヤは北イスラエル王国の首都なので、失われた10支族の王とも解せます。

『日本からあわストーリーが始まります』（ヒカルランド）の著者で、徳島県出身の香川宜子医師も、古代イスラエル人たちが入植したのはまず阿波であったとし、その理由について次のように述べています。

イスラエルを占領した新バビロニアの戦利品にアークはなく、イスラエルが滅ぶ前、神はイザヤに対して、「この国はやがて崩壊するから、タルシシ船にアークを載せ、代表者を連れて東の日出る島へ落ち延びよ。そこでイスラエルのことをすべて忘れ、新たに本当の神の国、第二エルサレムを設立せよ」(イザヤ書、ヨハネの黙示録)と述べたからであると。

これは「あなたたちは東の地でも主を尊び、海の島々でも、イスラエルの神、主の御名を尊べ」というイザヤ書(24章15節)にある神の言葉を指していて、ようするに、イザヤは太陽が昇る東の方に向かって航海を続けた結果、日本の阿波に辿り着いたというわけです。

阿波の謎については次章で詳しく述べるとして、剣山に関するエピソードとしては、イスラエルのエリ・コーヘン元駐日大使が視察に訪れた際に、大嘗祭《だいじょうさい》の麁服《あらたえ》で知られる阿波忌部《あわいんべ》の三木家を訪問されていたり、また木内鶴彦さんご一行と偶然剣山で一緒になったこともあったそうです。

また「世界の大富豪ロスチャイルドが四国をまるごと買い取りたいと日本政府に打診した」という都市伝説に関しても、ヒカルランドから出

佐野行俊さんの著書

香川宜子医師の著書

■髙根資料館（地蔵寺）
　所在地：徳島県美馬郡つるぎ町一宇字太刀之本14－3
（要予約）電話：0883－67－2857

版されている『ユダヤ宝石商は、なぜ四国の剣山を買ってくれと私に頼んだか』の著者・佐野行俊さんによると、アジア宝石市場のトップのユダヤ人から最初にダイヤを買った日本人である佐野さんの曾祖父に対して、「金ならいくらでも出すから、私たちの祖先が埋めたアークが眠っている剣山をお前が買ってくれないか？」と頼まれたそうです。

ということは、やはり、アークは今も剣山に眠っている？？？

■関連動画＆サイト
◎ソロモンクロニクル【四国剣山顕彰学会】劒神社　御祈祷《鏡石》公開
https://youtu.be/R2xTduj45Qc
◎四国剣山顕彰学会 Facebook
https://www.facebook.com/Shikokukenzan

第3章

邪馬台国は阿波だった!!

「邪馬台国阿波説」が再び注目されるようになった理由

ここからは、「邪馬台国阿波説」についてご紹介したいと思います。

『魏志倭人伝』に登場する邪馬台（壹）国は、2－3世紀に日本列島に存在したとされる国で、内戦の末、約30の国々が女王・卑弥呼を共立して政治連合体を結んだと記されていますが、はたしてその女王国はどこだったのか？

江戸時代以降、その所在地について「畿内（近畿）説」と「九州説」を中心に論争がくり広げられてきたものの、今もその所在地は古代史最大の謎として特定されていません。

そこに新たな一石を投じたのが「邪馬台国阿波説」で、その点からも今、阿波・徳島は古代史ファンの熱い視線を浴びています。

邪馬台国阿波説では、卑弥呼の女王国は四国、そしてその中心地は徳島県北東部に当たる剣山・美馬の麓（神山・山間部）にあり、吉野川と並行して流れる鮎喰川上流域に位置する名西郡《みょうざいぐん》神山町が比定地とされています。

実は、この邪馬台国阿波説は１９７０年代後半頃に一度注目されたことがありました。

その当時、県内の郷土史家たちが遺跡や魏志倭人伝の分析などに基づいて本を出版し、それを機に団体を設立してイベントや勉強会を続け、地元で大いに盛り上がりを見せていたのです。

ところが、他県の古代史研究家たちからは一笑に付され、畿内説や九州説に追いやられるようにして阿波説は次第に終息していきました。

しかしそれにもめげず、阿波古事記研究会をはじめとする地元の郷土史家たちの地道な活動のおかげで、近年四国・阿波説が再び浮上し、畿内説や九州説以上に説得力を持って受け入れられつつある、というわけです。

これまで、古代阿波研究会が1976年に出版した『邪馬壱国は阿波だった　魏志倭人伝と古事記との一致』（絶版）や、同じく徳島在住の郷土史家・大杉博氏著の『邪馬台国はまちがいなく四国にあった』（1992年）などが刊行され、2019年にはやまと研究会によって阿波説の決定打とも言える『邪馬壹国《やまと》は阿波から始まる』が出版されました。

著者によって多少見解が異なる点はあるにしても、共通しているのは記紀（古事記・日本書紀）や魏志倭人伝などに書かれている邪馬台国の位置に最も条件が合致しているのは、阿波＝徳島であることです。

阿波・徳島説は、朝鮮半島から邪馬壹国（邪馬台国）までの距離や行程を分析すると四国の阿波に行き着くとするもので、畿内説や九州説は距離の単位や方角の解釈が誤っていること、そして徳島県内の神社や遺跡などには魏志倭人伝の記述と一致する特徴が多々あることなどをその根拠としています。

『魏志倭人伝』を書いた三国時代の魏の学者は非常に学識が豊かだったことから、邪馬壹国の方向や距離を正しく記している、つまり誤認するはずはなく、１里を約80ｍとすると、

「帯方郡（朝鮮半島の中西部）から東南方向の大海の中にあって、帯方郡から女王卑弥呼のいる邪馬壹国（女王国）までの距離は１２０００余里（約９６０㎞）」

そして「不弥国もしくは奴国（関門海峡）から南へ水行20日で役馬国（高知県西南部）に上陸し、そこから水行10日と陸行1か月」、さらに「女王国の東は海で、１０００余里（約80㎞）海を渡ると倭種の国の人が住んでいる」となれば、太平洋（紀伊水道）を挟んで紀伊半島と対峙

する徳島県しかありません。

また、『魏志倭人伝』の「其れ、山、丹有り」(その山に丹ありという記述も、実際に徳島県阿南市の若杉山遺跡から丹《たん》(辰砂《しんしゃ》)の採掘場が発見されており、この点においても合致します。

魔除けや防腐効果のある丹(辰砂・水銀朱)は古代権力の象徴ですから、魏志倭人伝にあるように、邪馬壹国《やまと》の山で採れた丹を卑弥呼が時の中国王朝に献上していたのでしょう。

さらに、邪馬壹国の官の名、つまり役人の名前が「彌《ミ》馬升《マシヨウ》・彌《ミ》馬獲《マワ》支《キ》」と記されており、これも徳島県の美馬《みま》と符号し、他にも徳島県には卑弥呼の山城や墓と見られる遺跡や古墳が残っています。

古事記は阿波を舞台にした歴史物語であるという「阿波古事記」説

また、927年に編纂された『延喜式神名帳《えんぎしきじんみょうちょう》』（全国の神社一覧）によると、阿波国には式内大社及び式内社（朝廷が認めた官社）が50カ所もあり、しかもイザナミ、コトシロヌシ、トヨタマヒメといった神名がそのまま社名になっている神社は阿波にしかないことなどから、「古事記は阿波を舞台にした歴史物語である」という『阿波古事記説』も郷土史家たちの間で提唱されています。

次の神社はその一例です。

①阿波国一宮・天石門別八倉比売《あめのいわとわけやくらひめ》神社…社伝に天照大神（大日靈女命《オオヒルメノミコト》）の葬儀の模様が記されている。奥の院には地元の青石で組まれた五

角形の磐座（古墳）があり、ここが「卑弥呼の墓」と言われている。

②上一宮《かみいちのみや》大粟《おおあわ》神社…主祭神はこの地に粟・五穀を広めた食の神様、大宜《オオゲ》都比売神《ツヒメノカミ》で、「阿波」の地名の由来となっている。式内社でオオゲツヒメを祀る神社は阿波一国だけ。

③賀志波比売《かしわひめ》神社…イザナギが「竺紫の日向の橘の小門の阿波岐原」で禊ぎ祓いをして生まれたのがアマテラス。アマテラスの幼名は賀志波比売大神《カシワヒメノおおかみ》で、「竺紫《つくし》の日向《ひむか》」とは「東に尽きた地」という意味であることなどから当地が

卑弥呼の墓!?

立岩神社

つるぎ町一宇の天磐戸神社での岩戸開き神楽
所在地：徳島県美馬郡つるぎ町一宇字法正

アマテラス生誕の地とされている。
④立岩《たていわ》神社…標高650mの神山町元山にあり、御神体の巨岩は天の岩戸とされる。また、『阿波国風土記』に書かれている奈良の天香具山の元とされる「天の元山」とも推定されている。
⑤春日神社…徳島市中心部にあり、境内には神武天皇の祖母である豊玉比売命《トヨタマヒメノミコト》を祀る神社がある。
⑥天村雲神社…御祭神は須佐之《スサノ》男命《オノミコト》の息子の五十猛命《イダテノミコト》。天村《アメノムラ》(叢)雲《クモ》は、ヤマタノオロチを退

伊射奈美神社
所在地：徳島県美馬市美馬町中島

治したときに得た三種の神器の一つで「草薙の剣」の別称。天村雲神社は徳島県にのみある。

⑦伊射奈美神社…伊弉諾《イザナギ》の妻・伊邪奈美《イザナミ》を祀った神社。イザナミを社名とする式内社は、この阿波国美馬郡の一社のみ。

ヤマト（倭《やまと》）は阿波だった！
記紀にまつわる神社や地名がたくさんあるのはそのため

邪馬台国論争の中でこれまでなぜ阿波・徳島が注目されてこなかったのかというと、記紀や万葉集などで「倭《やまと》」と「大倭《おおやまと》」の2つの倭が書き分けられているのに、これを畿内の大和一国のこととして解釈されてきたため古代史の混乱が起きてしまったからだと思われます。

そもそも、ヤマトの漢字の当て字は、古い順に「倭」「大和」「日本」

です。

つまり、3世紀以降、奈良盆地に成立した大和朝廷（ヤマト王権）ができる前に別の場所にヤマト（倭《やまと》）という国があり、それが歴史から消されてしまったということです。

例えば、現在の奈良県にある「倭」と名のつく神社といえば「倭恩《やまとおん》智《ち》神社」が知られていますが、徳島県美馬市には本来の倭の所在を示すと思われる「倭大國魂《やまとおおくにたま》神社」があります。

主祭神は大国魂命で、その名の通りヤマトの国そのものを表す神様ともいえ、延喜式神名帳で倭大国魂神を冠する神社は「阿波国　美馬郡倭大國玉神大國敷神社二座」として全国で唯一阿波国のみであり、由緒記にも「『延喜式』で［倭大国魂］を冠する神社は他になく、［倭大国魂］との強い関係性が窺える」と記されています。

また阿波には、国生み神話に登場する古社だけでなく、奈良・京都・

嵯峨・祇園・伊勢・難波・和泉・飛鳥・大津・近江・葛城・八坂・山崎等々、古代史に登場する地名がたくさん残っています。

詳しくは後述しますが、ようするに阿波が最初にできた倭国《やまと》であって、その後にできた奈良盆地の大和・大倭がオオヤマト、だから徳島県内の地名には近畿地方と同じ地名がたくさんある、そう考えるのが自然で何ら無理がないのです。

その最たる根拠の一つが、阿波には奈良盆地の箸墓《はしはか》古墳などの巨大前方後円墳のルーツと考えられる「西山谷2号墳」（鳴門市）があり、また箸墓古墳よりも古く、奈良で最古級の古墳とされるホケノ山古墳のルーツと考えられる「萩原1号墓」「萩原2号墓」も同じ県東北部の鳴門市で発見されていることです。

他にも、県南部の海陽町野江で発見された「寺山3号墳」は3世紀初頭（弥生時代終末期）の墳丘墓と見られることから、阿波の初期古墳群

（2世紀末～3世紀前半）には大和地方の前方後円墳（天皇陵）の起源が垣間見え、邪馬台国の時代に有力者のための大きな墓を築ける勢力が存在していたという点も、阿波古事記説の大きな根拠の一つとなっています。

さらに加えて、阿波は忌部氏の根拠地でもあります。阿波忌部とは、古代より畿内ヤマト王権の宮廷祭祀・祭具製作・宮殿造営を掌《つかさど》った名門氏族で、中臣氏や藤原氏らが台頭してくるまで朝廷祭祀は忌部氏が掌握していました。

古事記は邪馬壹国から大和国《やまと》への歴史を忠実に描いた史実だった!!

とりわけ、阿波忌部族は弥生後期から古墳前期（3～4世紀）にかけて吉野川流域を中心にその勢力を展開し、海部《あまべ》と力を合わせて阿波地域を拓き、ヤマト王権成立に大きな影響を与えていたことが近年の調査研究によって判明しています。

地元の一般社団法人・忌部文化研究所によると、阿波忌部族は日本各地に麻や穀《かぢ》を植え、農業・養蚕・織物・製紙・建築・漁業・衣食住の生活文化技術や産業技術・古墳築造技術（農業土木技術）などを伝播させた技術集団、かつ祭祀集団であったことがわかっているそうです。

中でも、皇位継承に伴う皇室行事である大嘗祭《だいじょうさい》で、天皇が即位する時に身に纏う麁服《あらたえ》という大麻の織物を調進するのは、阿波忌部の直系（御殿人《みあらかんど》）である三木家の最も重要なお役目として知られています。

専門筋によると、即位する皇子がこの麁服と絹布の繒服《にぎたえ》を身に纏い、祖霊である神々と一つになることで、本当の天皇になるとされているそうです。

つまり、三木家は、上古以来歴代の践祚《せんそ》大嘗祭《だいじょうさい》に御衣《みそ》御殿人《みあらかんど》として、麁服を調進して朝廷と深い繋がりを持っていた大変由緒ある家系なのです。

そのため三木家では、地元住民（NPO法人）と共に専用の畑で大麻の栽培を続けていて、刈り取られた大麻は麁服の材料となり、それと共に新しく建てられる大嘗宮の中心となる悠紀殿《ゆきでん》と主基殿《すきでん》の神座に「神の依代《よりしろ》」として2反ずつ供えられます。

つまり、7世紀後半に整備されたとされる大嘗祭という天皇家にとって極めて重要な祭祀が、阿波の伝統文化に支えられているということです。

このように、奈良のヤマト王権よりも古い時代の古墳や卑弥呼の墓、そして記紀にまつわる古社や地名が多数あり、また天皇家にとって欠くことのできない麁服や大麻を納める祭祀氏族の根拠地があることなどか

阿波忌部が調進する麁服（三木家資料）

三木家住宅（国の重要文化財）
所在地：徳島県美馬市木屋平字貢143

らも、古代日本の国づくりは阿波から始まったことがうかがえます。

より詳しい説明は、第4章でご登場いただく三村隆範さんにお願いするとして、近年、地元でも邪馬台国&古事記阿波説に着目した地域活性化への様々な取り組みが進んでいます。

県内の郷土史家らが神話や出土品の分析などを行う一方で、特に最近では多くの歴史系YouTuberが邪馬台国阿波説を取り上げたり、現地ツアーなどで観光客を呼び込もうとする動きも出てきて、県もそれを後押ししています。

また、2023年10月にはドキュメンタリー映画『あわストーリーを始める』という映画も徳島市で上映されました。この映画は、監督のMasa.GOCHOさんが自身の地元の長野県諏訪のルーツを探る中で、香川宣子医師（『日本からあわストーリーが始まります』の著者）らをはじめ阿波での現地取材を通して「記紀神話は阿波から始まっていた」ことを確信され、製作・上映されたそうです。

以上、ご紹介してきたように、古事記は決して絵空事の話ではなく、邪馬壹国（ヤマト国・倭国）から大和国（奈良）へ移行するまでの歴史上の出来事、言うなれば、阿波ヤマト王朝史なのです。

というわけで、次章では、長年調査研究を続けてこられた郷土史家の三村隆範さんにその根拠と解説をお願いしたいと思います。

映画の中で紹介されている剣山の大祭

第4章

阿波古事記の真相を語る

『魏志倭人伝』に書かれているのは「邪馬壹国」、読みは「やまとこく」＝倭国

三村さんは、ご自身の事業に関するイベントで講師を招いて「邪馬台国は阿波だった」を開催したのをきっかけに郷土史に関心が深まり、1994年頃より「阿波と古事記」の研究を始めたところ、調べれば調べるほど日本の文化は阿波から広がっていったことに確信を持ち、2001年に阿波古事記研究会を発足させました。

以来、地元での講演会やケーブルテレビなどに出演しながら「阿波から日本が始まった！」ことを広めるための地道な活動を長年続けてこられ、現在、各地での講演回数はなんと年間120回（自己最多）にものぼるそうです。

三村さんによると、『魏志倭人伝』の「邪馬壹国」が表記を重ねるうちに「邪馬台国」と記されて「やまたいこく」と称されるようになったのであり、本来、邪馬壹国は「やまとこく」と読むことから倭国《やまと》と同じ意味、そして女王卑弥呼がいたのは阿波の神山周辺であり、また『古事記』（上巻）をよく読めば高天原（＝やまと）は阿波の山間部にあったことがわかるとのことです。

【解説】　三村隆範《みむらたかのり》さん

阿波古事記研究会副会長・徳島県阿南市在住

これはいつも私が講演会でお話ししていることなのですが、はたして皆さんは神が見えているでしょうか？

私たちの会（講座）では『古事記』について学んでいるので、「神は見えていますか？」と聞くと、ほとんどの人が「見えています」と答えます。

ところが、今は神社の神主さんであっても、こちらが「神様は見えていますか？」と尋ねてもはっきりと答えられません。

でも、そもそも『古事記』に書かれているのは神様の話ですから、神が見えていないとなるとまったく話が通じなくなるわけです。

『古事記』の冒頭には、

「天地《あめつち》初めて発《ひら》けし時、高天原に成りし神の名は、天之御中主神《アメノミナカヌシノカミ》」とあります。

高天原とは、宇宙万物のことですから、言うなれば「見える世界」、天之御中主神は「見えない心」をあらわしています。

そして、天の岩戸のところで「八百万の神」という言葉が出てくるわけですが、このことから、見えないものも見えるものも、宇宙のあらゆる現象や存在がすべて神であると解釈できます。

つまり、太安万侶によって７１２年に書かれた『古事記』に書いてある内容をそのまま素直に解釈すれば、見えているものもすべて神様であって、古来日本人はそんなふうに神を捉えていたわけです。

ところが、今はほとんどの人が江戸時代（１７９８年）に本居宣長の書いた『古事記伝』の話ばかりしていて、肝心の『古事記』を読んでいない、だから「神様は見えない」「真実はわからない」という話になってしまうのです。

学校の教科書などでも古事記伝を基準にした話を教えているので、みんなそれが正しいと思い込んでいる、だから真実がわからなくなっているのですね。

私が講座でお話ししているのは、本居宣長の解釈ではなく、『古事記』に書かれていることをそのままお伝えしているだけなのですが、試験で

100点を取りたい人はなかなかこれが理解しづらい…。

私はこれまで本居宣長記念館を何度も訪れていますが、館の担当者に「出雲はどこですか?」と質問をしたら「島根県です」と答えられたので、『古事記』のどこにそんなことが書いてあるのですか?」と問うたらそれ以上返答はありませんでした。

それは、本居宣長が出雲は現在の島根県であるとしたからですが、それはあくまで宣長の解釈にすぎず、『古事記』に書かれる国生みには「イザナギとイザナミが、淡路島・四国・九州・壱岐・対馬へと国を創っていった」と書かれていて、出雲（山陰地方）をつくったとはどこにも書かれていません。

なので、私以上に『古事記』の勉強をされているであろう本居宣長記念館の館長さんに会って確かめようと、次に館長さんに会って確認したら、やはり『古事記』に書かれている出雲国はあくまで島根半島のことだとして、『出雲国風土記』の出雲と『古事記』の出雲を完全に同一視されているようでした。

「他にも学会のお偉い方々とお会いしてきましたが、皆さん宣長の『古事記伝』が正しいと思い込んでいて、それ以外の話は「それはない」と頭から否定してこちらの話を聞こうとはしません。

つまり、世間の真実は多数決によって決められている、それゆえ、一般に信じられていることと本当の真実は何か？　ということはまったく違うということです。

倭国＝イコクだったのがイを嫌いワと呼ぶようになり、阿波もイの国からアワに変わった

例えば、「倭国」と書いて元々は何と読んでいたか？

これを「わこく」ではなく、「いこく」と言っているのはたぶん私だけです。

倭国という言葉は『旧唐書《くとうじょ》』に出てくる「倭国者　古　倭奴国」を「わこくはいにしえのなのわこく」と読んだことから、倭国＝わこく＝日本国と解釈されてきました。

また、日本の志賀島で出土した漢の王の金印で知られる「漢委奴国王」にしても、本来は「委」を素直に「い」と読むべきなのにあえて「わ」と読んだことから、学会でも日本を倭国《わこく》と称してきたわけですが、委はどう考えても「わ」とは読めません。

『古事記』に書かれている「倭国は倭奴国から始まった」の倭国も、本来は「いこく」であり、倭奴国も「いのなのくに」と読むのが正しくて、それが後々「いこく」から「わこく」に変わっていったと考えられます。

なぜ、その「い」を変えたのかについては、中国の史書『旧唐書』に中国へ渡った遣唐使（西暦702年）が「倭という名称がよくないから日本と改めた」と記録されていて、「倭《い》」は、中国から軽蔑の意味を込めて柔順で背の低い東海の島々の人を指した言葉であることに日本人が気づいたからです。

だから、最初は倭国を「いこく」と読んでいたのを「イ」を嫌い「ワ」と呼び、そこから「わこく」と呼ぶようになり、それに伴って阿波も倭（イの国）から阿波《アワ》に変わっていった。

記紀の中で、四国は「伊予の二名島」あるいは「伊予の二名洲」と書かれていますが、これは昔は四国の東部を「伊《イ》」、西部を「予《ヨ》」と呼んでいたからです。

その証拠に、愛媛県は今でも予州と呼ばれており、片や徳島には、猪ノ鼻、猪の頭、祖谷と書いてイヤと読む地名や、井ノ谷・井ノ元・井内・井ノ尻・井ノ口・井ノ浦・井川・井ノ原・伊沢・石井・伊島・猪ノ谷・猪尻・飯尾・飯谷等々イのつく地名が多く、阿波の前は「イの国」と呼ばれていたことがわかります。

これらのことからも、倭国＝イの国は元々阿波を指していたことは明白です。

邪馬台国《やまたいこく》にしても同じで、元々『魏志倭人伝』には「邪馬壹国」と書いてあり、壹は「と」と読むので、「やまとこく」が正しい読み方です。

邪馬台国と呼ぶようになったのは江戸時代からで、平安時代の『続日本後紀』には「野馬壹能國」と書いてヤマトの国と読んでいます。これは当時、日本の国をヤマトと呼んでいたからです。

ヤマト（邪馬壹・倭）は日本の国なのでどこにあるかはわかりますが、「邪馬台国」自体はどこにも存在しないので、いくら探しても見つかるはずはないのです。

このような間違いは他にもありますが、より詳しいことは『邪馬壹《やまと》国は阿波から始まる』をぜひご参照いただければと思います（以下、統一して「やまと」と記します）。

阿波古事記に関しては、結論から先に言うと、高天原があったやまと（倭）は阿波・徳島で、イツモ（出雲）も島根県ではなく、阿波の海岸部です。

阿波には、『古事記』の記述とぴったり重なる地名や伝承、高原、さらには他の諸国にはない『古事記』の神名そのままの式内社があって、そのような地域は他にはどこにもありません。『古事記』をよく読めば、日本神話の舞台は阿波・徳島にならざるを得ないのです。

その一例が、美馬市にある式内社の「倭大國魂神社」です。この阿波にある神社と、淡路島にある大和大国魂神社、そして奈良にある大和坐大国魂神社の社名を見比べればわかるように、明らかに「倭」と「大和」を区別しています。

大和坐大国魂神社の坐、また大阪に阿波座という場所もありますが、この「坐」「座」はいらっしゃる、集まる、つまり倭＝阿波の人がいらっしゃったという意味です。

これは『古事記』に「粟」と書かれていたのを、後から「阿波」という2つの漢字に当てたからですが、アやアワは始まり、つまり国の始まりを意味していて、その大元の勢力が徐々に東に移っていったということです。

そのため各地に高天原の神話伝説があり、出雲という地名がつけられたわけです。

ようするに、縄文時代には全国各地にムラ（集落）があったのが、農耕・弥生時代に入ってから阿波の高天原から各地域に倭人が広がっていって一つの国としてまとまっていった、その歴史過程が書かれているのが『古事記』の上巻です。

わかりやすく言うと、高天原は天界ではなく、地上の山間部にあって、その山の人たちが里に降りて広がってできたのが各地の出雲、だから『古事記』の上巻ではいろんな神様が山と海辺の間で行ったり来たりする話になっているのです。

『古事記』を正確に読めば、日本の文化は阿波から始まり発展してきたことがわかる

それではまず、国生み神話から始めましょう。

『古事記』によると、イザナギとイザナミはまず淤能碁呂《オノコロ》島から水蛭子《ヒルコ》と淡島を生んだ後、次の順に国をつくったと記されています。

淡道《あわじ》の穂《ほ》の狭別島《さわけしま》（淡路島）

伊予二名島（四国）粟国、讃岐国、伊予国、土佐国

隠伎の三子島

筑紫島（九州）筑紫国、豊国、肥国、熊曾国

伊伎島（壱岐島）

津島（対馬島）

佐渡島

大倭豊秋津島（畿内）

この順番を見ればわかるように、古事記は阿波（粟）から国生みが始まったことを伝えていることがよくわかります。

一般には、淡路島が最初につくられた島といわれていますが、古事記に「淡道《あわじ》の穂《ほ》の狭別島《さわけしま》」と書かれるように、淡路島は穂（阿波）の先の別れた島であって、江戸時代まで阿波に含まれる一地域でした。

つまり、淡道とは、阿波にある道＝阿波路《あわじ》という意味であって、もし淡路島が先にできたなら阿波への道を意味する島名にはならなかったで

しょう。

また、『古事記』に「水蛭子や淡島は子の数に入れず」と書かれているのは、できが悪かったから子の数に入れなかったという意味ではなく、水蛭子《ヒルコ》や淡島は子を生む親であるから子に当らないとわざわざ書いているのです。

ですから、国として最初にできたのは阿波であることは変わりません。阿波は阿《ア》の波であり、阿吽の阿、つまり始まりの波を表しているのです。

このように、阿波から淡路島、四国、九州、畿内へと広がっていったわけで、現在の日本の東北や北海道の神社に天照大御神《アマテラスオオミカミ》が祀られているのも、阿波の文化が東に広がったことを示しています。

その証拠に、古代から東北や北海道にアマテラスを祀っていたという記録はなく、『古事記』を素直に、かつ正確に読めば、現在の日本の文化は阿波から始まり発展してきたことがわかるはずです。

では、阿波の次にできた淤能碁呂島《オノコロ》はどこかというと、徳島県美馬市にある吉野川の中州である舞中島《まいなかしま》であると比定できます。

一般には、オノコロ島を淡路島の沼島に当てはめようとしますが、先ほど述べたように淡路島は阿波の一部であることに加えて、「矛でかき回し、引き上げた矛先から潮が滴り落ちてできた堅州国《かたすくに》」という『古事記』の記述に従うと、周りが水に囲まれた地形で渦が巻くような条件にあてはまるのは、まさに吉野川の中州・舞中島です。

吉野川の上流に位置する岩津周辺は、北から阿讃山脈の扇状地が張り出し、南は剣山系の高越山・種穂山が迫り、川幅が極端に狭くなっていることから、増水時には上流にある支流から大量の土砂が流れ込み、途中で堰き止められた水（潮）が渦を巻いて中州が形成されます。

従って、舞中島がオノコロ島、それゆえ当地にイザナミの神名を冠するお社が鎮座したのです。

次に水蛭子《ヒルコ》ですが、これは島とは書かれておらず、ひるは「干る」で乾く意味があり、子は「処・拠」の意であることから、干沼《ひぬま》と考えられます。

徳島県三好郡東みよし町に昼間《ひるま》という地名があり、角川日本地名大辞典によると「この地名は干沼から転じたもの」と書かれていることから、水蛭子は吉野川河岸の低湿地だと推定されます。

次は淡島です。舞中島（オノコロ島）より吉野川下流約10㎞に善入寺島があります。この島は日本最大の中州で、古くは淡島と呼ばれていたことから、『古事記』の淡島はここに違いありません。

また、現在も島内やその周辺に粟島地名が残っていることなどから、阿波には、オノコロ島・水蛭子・淡島と古事記にピタリと当てはまる場所が並んでおり、しかも、徳島県埋蔵文化財センターの調査によって、

2万年前頃から吉野川の上・中流域を中心に人々の暮らしが始まり、また吉野川下流域にも1万2千年前の縄文時代から人々の暮らしが広がっていたことがわかっていることから、大河・吉野川流域で豊かな文化が栄えていたことがうかがえます。

高越山周辺には比婆の山をはじめ黄泉国を彷彿させる地名がたくさん残っている

では次に、イザナミが葬られた黄泉国の話に移りましょう。

『古事記』では、イザナギとイザナミが共に神々を生み、火之迦具土神《ヒノカグツチノカミ》を生んだことが原因でイザナミが亡くなってしまい、そのためイザナギはイザナミのいる黄泉国を訪れます。そのイザナミが葬られた黄泉国は、出雲国と伯耆国《ほうきのくに》の境にある比婆《ひば》の山と記されています。

比婆の山は、一般には広島県の比婆郡と解釈されていますが、広島県の式内社にイザナミを祀る神社はありません。イザナミを祀る式内社「伊射奈美神社」があるのは、日本で唯一美馬市だけです。

そして、舞中島（オノコロ島）のある吉野川の対岸に当たる美馬市穴吹町を越え、吉野川市山川町には高越山《こうつさん》があります。この霊山の絶頂にはイザナミの小社が祀られていて、江戸時代に書かれた阿波国最初の史書には「伊射奈美神社小社美馬郡拝村山之絶頂にあり、俗に高越大権現、祭神一座伊弉冉尊《イザナミノミコト》」と書かれています。

こうした点からも、この高越山が比婆山だと比定されます。

なぜそう断言できるかというと、イザナミが黄泉国から逃げ帰るまでの古事記の記述を彷彿させる地名の数々が高越山周辺にたくさん残っているからです。

伊射奈美神社

高越山山頂に祀られているイザナミの小社
所在地：徳島県吉野川市山川町木綿麻山

まず、黄泉国を訪ねたイザナギは、姿を見てはならないと言われたイザナミとの約束を破って黄泉国から逃走し、黄泉の追っ手たちから逃げるために黄泉比良坂《よもつひらさか》を下って海岸部に辿り着きます。

古事記によると、イザナギはその間に追っ手の鬼たちに向かって「髪を束ねていた鬘《かづら》を投げつけたところそれが山葡萄の実となり鬼がそれを貪った。そこで今度は櫛の歯を折って投げつけたところタケノコに変わり、鬼たちがそれを食べている間に逃げた」とあります。

これらの記述と符号する地名が、高越山南東の勝浦郡上勝町に残っています。それは雄中面《おなづら》、生実《いくみ》、竹ヶ谷《たけがたに》という地名で、那賀町竹ヶ谷にある八面神社の境内には、台座の竿が竹の櫛になっている石燈籠が置かれています。

次に、イザナギが黄泉比良坂の辺りまで来た時、「坂本（上り口）になっていた桃の実を取って鬼たちに投げつけた、すると鬼は怖じけて逃げ帰った」と記されており、竹ヶ谷から那賀町の北東部には、桃ノ木谷、百合《ももえ》、百付《ももづき》、李《すもも》など桃にまつわる地名がいくつも残っていて、桃の木彫りや瓦のある神社も複数あります。

そして、上勝町から南東方向の海岸部には四方見坂《よもみざか》という地域があり、ここは地元で「ヨミ坂」と呼ばれていて、まさに黄泉の坂を連想させると共に、このヨミ坂の近くには黄泉比良坂の地である出雲の伊賦夜坂《いふや》に通じる湯谷《ゆや》の坂まであります。

さらに極めつけは、黄泉の軍勢を追っ払ったものの、最後にイザナミ自身が追いかけてきたので、「そこでイザナギの命は、黄泉比良坂に千人で引くような巨大な岩で道をふさいだ」と『古事記』に書かれていて、その巨石も残っています。

徳島県勝浦郡上勝町にある月ケ谷温泉から美杉峠を越えて南へ下ると、那賀郡那賀町内山の谷間に道を塞ぐような巨大な岩が現れます。

この巨岩は、まさに『日本書紀』に書かれている「千人所引の磐石」であり、古事記に「黄泉比良坂の坂本に到りし時」と書かれるように、この巨岩の上の地名は「坂本」です。

こうしたことから、美馬市穴吹町から高越山を越えて湯谷を下り阿南市《イツモ》までつながる道こそが、『古事記』に記された黄泉比良坂だと比定できます。

千引《ちび》きの岩
所在地：徳島県那賀郡那賀町内山

阿波国は五穀の神・オオゲツヒメの身体そのものを示している

では、海岸部に着いたイザナギが海で禊祓いをしてアマテラスが生まれた「竺紫の日向の橘の小門の阿波岐原」とはどこなのか？

『古事記』の記述に基づいて推定すると、それは橘湾に面した現在の阿南市見能林町青木、柏野辺りで、かつてこの一帯は阿波の港として知られる海岸でした。

まず、「竺紫の日向」とは、語源からすると「竺紫」は尽きる、「日向」はひむか・ひむかし・ひんがし・ひがし（東）と変化した言葉なので、「竺紫の日向」とは東に尽きた地という意味になります。

阿南市の柏野はまさに四国の最東端であり、また『先代旧事本記《せんだいくじほんぎ》』ではイザナギの禊の場所を「日向の橘の小門の橿原」だと記していて、柏野はかつて「橿原」と呼ばれていました。

また、『日本書紀』ではイザナギの禊の場所について、「すなわち往きて粟の門および速吸名門をみそなわす。しかるにこの二つの門、潮すではなはだはやし。故、橘の小門に還向りたまいて、払いすすぎたまう」と書かれています。

この粟の門は小鳴門海峡のことであり、速吸名門は一般に豊予海峡のことだとされていますが、淡路島の北側の明石海峡を指していて、それゆえ橘の小門に帰ったと考えればまさに禊をした場所は阿南海岸の橘が該当します。

そして、この地域には賀志波比売神社があります。賀志波比売大神の神名は『古事記』には書かれていませんが、イザナギがこの地で禊祓いをしてアマテラスが生まれたと『古事記』に記されていることから、アマテラスの幼名は賀志波比売大神であったと考えられ、それゆえ阿南の海岸近くの柏野がアマテラスの生誕の地だと推定されます。

賀志波比売神社は、平安時代（927年）に完成した延喜式神名帳の中に記録された3132座の由緒ある延喜式内社の一社で、由緒記には主祭神について「国家の鎮護・民族の長寿延命の守護神」と書かれています。

現在、賀志波比売大神は津峰山頂にある津峯神社に奉斎されていて、津峯神社の御神紋は八角形（三方）です。神様に御供えする際に使われる「三方」は、古くは柏の葉《ひらで》が用いられ、現在も皇室で使用されていると共に、「柏」は「柏手を打つ」というように神事と深い関わりをもっています。

このように、イザナギは四国が東に尽きる場所（竺紫の日向）まで逃げて禊をしたわけで、これは『日本書紀』の「イザナギは、最初は粟門

（＝鳴門）と速吸名門（＝明石海峡）で穢れを祓おうとしたが、そこは潮流れが速いので橘の小門の阿波岐原《あわきはら》で祓うことになった」という記述とも符合します。

そして決定的なのが、イザナギが禊を行った後で生まれたスサノオが大宜都比売神《オオゲツヒメノカミ》に饗応を受けたことが『古事記』に記されており、このオオゲツヒメがそのまま阿波国の別名になっていることです。

「食べ物を大宜都比売神に乞うた。そして大宜都比売神が、鼻や口や尻から、さまざまなおいしい物を取り出し、さまざまに調理し盛り付けて差し出した時に、速須佐之男命は、その様子を立ちうかがって、食べ物を穢して差し出すのだと思い、すぐさまその大宜津比売神を殺した。すると、殺された神の身体に成った物は、頭に蚕がなり、二つの目に稲種がなり、二つの耳に粟がなり、鼻に小豆がなり、陰部に麦がなり、尻に大豆がなった」

この『古事記』に書かれているオオゲツヒメの屍体から生まれた蚕や穀物の名前は、四国・阿波周辺の地名として各地に残っています。蚕は児島半島、粟は阿波、小豆は小豆島、麦は徳島県の南部にある牟岐で、このことからオオゲツヒメの頭部は児島半島に、下腹部は徳島県南部にまたがっていて、阿波の国はまさにオオゲツヒメの身体そのものを示していることがわかります。

この農耕や弥生時代の幕開けを想起させる女神・オオゲツヒメを祀る式内大社は、阿波にしか存在しません。

それが神山町にある阿波国一宮「上一宮大粟神社」で、祭神のオオゲツヒメはまたの名を天石門別八倉比売命《アマノイワトワケヤクラヒメノミコト》と言いますが、オオゲツヒメはアマテラスに食事を提供する豊受大御神《トヨウケノオオミカミ》（御饌都神《みけつかみ》）として伊勢神宮の外宮にも祀られています。

伊勢神宮の祭典は「外宮先祭《げくうせんさい》」といって、まず外宮で祭儀が行われる習わしがあり、このため、参拝者も先に外宮に参拝してから内宮の順にお参りするのが正式な習わしです。

しかも、『古事記』の国生み神話で生まれた神の中で一番多く登場している（一章が割かれている）五穀の神様が阿波の祖神であるというのは、オオゲツヒメ（＝阿波）が伊勢に先行するとりわけ重要な神（＝国）であることを示唆しています。

高天原は天上の世界ではなく、阿波の特定の地域に比定できる

さて、イザナギは三貴子のうち、アマテラスとツクヨミを高天原へ、スサノオを海原へ送ったと『古事記』には書かれており、その後、イザナギは亡くなって淡路島に葬られます。

ここで「高天原とはどこなのか？」が問題になるわけですが、私どものこれまでの調査研究によると、高天原は地上と隔絶した天上の世界ではなく、前述したように阿波の特定の地域に比定でき、前期高天原と後期高天原の二つに分かれていたと考えられます。

前期高天原は、先ほど述べた高越山（比婆山）を含む吉野川以南の美馬市の山間部、木屋平の周辺一帯で、そこからイザナギとイザナミは吉野川のオノコロ島（舞中島）へ天降り、ここから国生みが始まりました。

そして、この岩津から上流が、スサノオが母のイザナミの国に行きたいと泣きわめいた「根《ね》の堅州国《かたすくに》」です。

スサノオは、父のイザナギに命じられた国を治めず泣き叫び、イザナギに「なぜ国を治めずに泣くのか？」と尋ねられ、「母の国、根の堅州国に行きたいから」と答えます。

母の国とは、イザナミが暮らし葬られた地、つまりオノコロ島である舞中島周辺であり、埋葬地の高越山です。

その根の堅州国とはどの辺りか？　川の中に砂や砂利でできた島を中洲ということから、堅州は固い岩盤でできた島と考えられ、実際に岩津から上流には川の中に岩盤でできた島が点在します。このことから、岩津よりも上流域がまぎれもない「母国　根の堅州国」だと言えます。

徳島では、吉野川の岩津から上流を「そら」（空）、下流を「しも」（下）と呼び、また岩津から山間部に入った木屋平にも「そらのち」（空地）という地名があります。

これらの方言から考えても「そら」は高天原、「しも」はイツモ（出雲）であって、私ども

岩津上流には岩盤でできた島が
点在する

が前期高天原でありイザナミが葬られた黄泉国と比定する位置関係とも符合します。

つまり、前期高天原は「そら」と呼ばれた吉野川上流、現在の美馬市の山間部で、「しも」と呼ばれた吉野川下流の平野部から海岸部にかけての地域が出雲国だということです。

その根拠として、美馬の山間部には阿波忌部直系の御殿人《みあらかんど》である三木家の存在があります。御殿人とは、天皇が新たに即位される際に麁服《あらたえ》の調製供納を統括する奉仕者のことです。

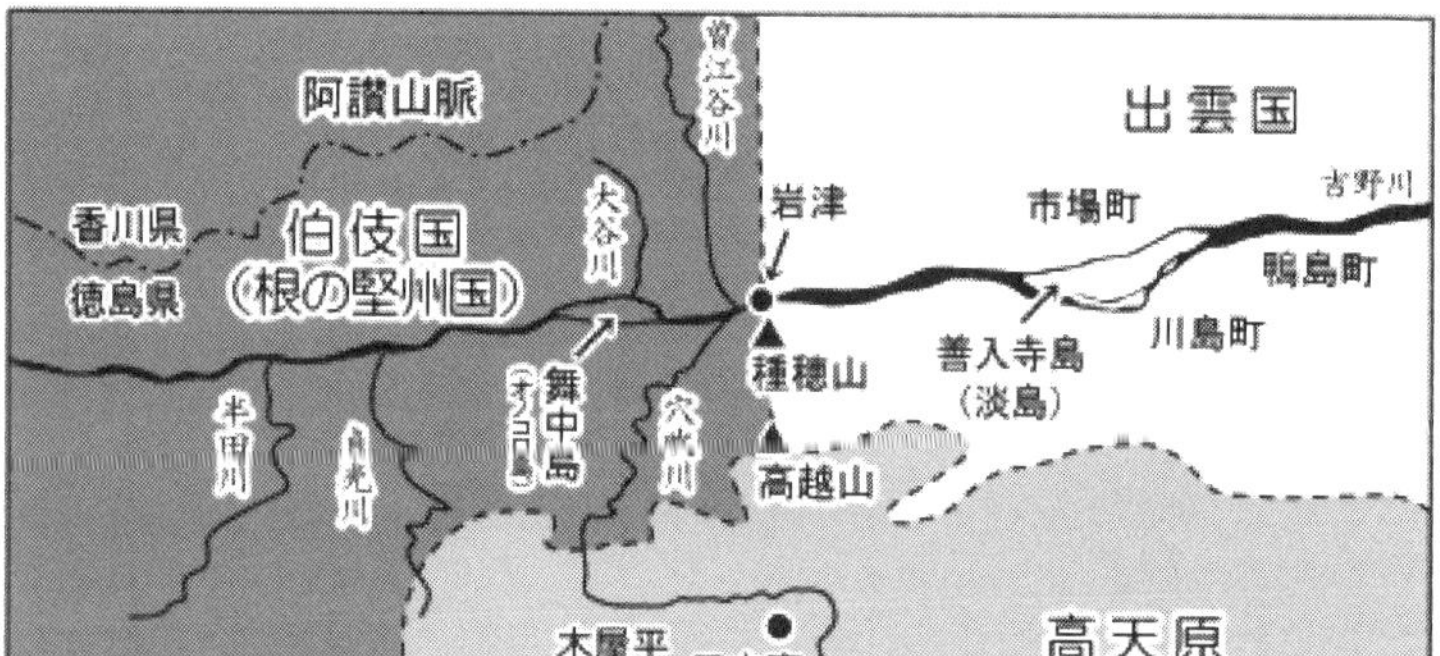

麁服とは大麻（神札《おふだ》）のことで、天皇陛下が新しくご即位される時には、徳島県美馬市木屋平から大麻でおった神御衣《かむみそ》が皇室に調進されるのです。多くの人は単に麻の布が運ばれていると思っているかもしれませんが、大麻は古代から神の依代として用いられ、その名残が神宮大麻として神札となって伝わっているのです。

この最も神威ある神札としての麁服を納める忌部直系の三木家が阿波の美馬にいらっしゃるということは、そもそも美馬という地名は貴人の子孫を意味する御孫《みま》＝美馬（御真）であり、天皇が居た場所、つまり天皇家の故郷である高天原を示していると考えられます。

麁服用の麻を殺菌しているところ
（徳島新聞デジタル版より）

（第5章へ続く）

第5章

古代ヤマトと阿波踊りのルーツを辿る

神山町にはアマテラスが籠った天岩戸や八咫鏡にまつわる場所がある

次に、後期高天原がどこにあったかというと、美馬市の東隣、吉野川以南の山間部・名西郡《みょうざいぐん》神山町一帯だと推定され、この後期高天原を治めていたのがアマテラスです。

後期高天原の場所を神山町一帯に比定する根拠としては、まず吉野川以南に位置する神山町の東側にはアマテラスが籠った「天岩戸」（立岩神社）があることです。

ご神体は巨大な亀裂の入った磐座で、天の立岩とも呼ばれており、まさに2枚の岩戸が合わさった形になっています。

そして古事記には、アマテラスを岩の中から引き出すために大津麻羅《ノマツマラ》

立岩神社
所在地：徳島県名西郡神山町鬼籠野元山

マラ石（天津麻羅）
所在地：徳島県徳島市高家良町立岩

を探して八咫鏡《やたのかがみ》を作らせたり、賢木《さかき》を掘り起こして御幣などの祭祀道具を調達したのが天香具山《あまのかぐやま》と記されています。

一般には、大和の天香具山がそれだとされていますが、『阿波国風土記』には「ソラ（天）ヨリフリクダリタル山ノオホキナルハ、阿波國ニフリクダリタルヲ、アマノモト山ト云」と書かれています。

また、『伊予国風土記』にも「伊与の郡。郡家より東北のかたに天山あり。天山と名づくるゆえは、倭に天加具山あり。天より天降りし時、二つに分かれて、片端は倭の国に天降り、片端はこの土に天降りき。よりて天山というもとなり」との記述があります。

これらのことから、大和の天香具山は天から降ってきた山が砕けた破片であって、本体は阿波に降りた「天の元山」であり、この神の依代としての磐座を祀ったのが立岩神社です。

そして、立岩神社の近隣にある金山神社の摂社では天津麻羅を祀り、銅鐸や銅鏡の出土が多く、「たたら跡」と見られる製鉄遺跡もあることから、この地で三種の神器の一つである八咫鏡が製作されたと推定されます。

さらに、『古事記』にはアマテラスの手を取って天岩戸から導いた「手力男命《タヂカラオノミコト》は佐那那県に座す」とありますが、その手力男命は神山町の東隣の佐那河内村の天岩戸別《あまのいわとわけ》神社に祀られています。

しかも、神山町には卑弥呼が居城していたと推定される高根山悲願寺や、気延山古墳群と呼ばれる２００余りの古墳群があり、ここには阿波一宮の天石門別八倉比売神社があって、神社の奥には卑弥呼の墓と推定される岩座があります。

この八倉比売神社のご祭神は、アマテラスの別名である大日靈女命《オオヒルメノミコト》です。

気延山の麓の矢野遺跡（阿波史跡公園）は、鮎喰川と気延山に挟まれ

八倉比売神社と卑弥呼の墓と推定される岩座
所在地：徳島県徳島市国府町西矢野字宮谷531

た位置にあり、西日本最大級の縄文時代の集落跡です。鮎喰川がもたらす土砂によって形成された微高地で、古くから多くの人々が生活を営み、中世に至る頃まで阿波国内で最も栄えた地域であったことが発掘調査によってわかっています。

そして、アマテラスと共に高天原に送られた月読命《ツキヨミノミコト》が治めていた中心地は、神山町の北側に位置する美郷村月野辺りだと比定されます。

地元の伝承では、月が降臨したことで大変喜んでその場所に立派なお宮を造り、月の神様である月読命を祀り、月が作ってくれた広い土地を「月野」と名付けたとされ、また粟國造家・粟飯原《くりはら》氏の祖先の家系図にも「月読命（月夜見命）」の名が記されています。

また、美馬市脇町にあるツキヨミを祀る西照《にしてる》神社（月神の宮）は、月の神の発祥の地とされており、社伝にはツキヨミが田寸津比売神《タキツヒメノカミ》（西照）を連れてきたとあり、この姫が卑弥呼の後を継いだ壹與《トヨ》であると考

矢野遺跡
所在地：徳島県徳島市国府町矢野・中・西矢野

えられます。

こうしたことからも、徳島県の神山町一帯は、水田稲作や鉄器文化を育んだ後期高天原であったことが推定されます。

天孫降臨した高千穂の峰は気延山周辺の風景とみごとに合致する

次に、アマテラスが孫のニニギを大国主《オオクニヌシ》の統治する海岸部へ降ろして高天原との統一国家を建てさせた「天孫降臨の地」とはどこか？

私どもの調査によると、『古事記』で「竺紫の日向の高千穂の峰」「豊葦原之千秋長五百秋之水穂国」とされる天孫降臨の地は、美馬市から見て最も東の端に位置する気延山《きのべやま》周辺と比定されます。

『古事記』には、天孫降臨の地について次のように記されています。

「竺紫の日向の高千穂の久士布流多気《くしるるたけ》に天降り坐しき（中略）此の地は韓国に向かい、笠沙の御前《みさき》に真来《まき》通り、朝日の直刺す国、夕日の日照る国なり」

　これは次のように解釈できます。

「竺紫の日向」は先述したように「東に尽きるところ」という意味で（それを現在の九州の筑紫と解釈したことが混乱の元）、「高千穂の久士布流多気（峰）」とは、聖なる山・霊山である気延山や眉山、「韓国」は畿内を指し、その方向に向かって「笠沙岬に真来通っている」は、当時の湾が真っ直ぐ延びているさまを示していて、そこは「朝日が直に射し、夕日の照る地」であることから、天孫降臨した高千穂の峰はまさに気延山から見た風景とみごとに合致します。

　山間部の神山町からすると、最も平野部に近い東の端に位置するのが気延山です。

気延山の標高は212・3mで、徳島市国府町と名西郡石井町にまたがっています。

これまでは一般に、天孫降臨の地は宮崎県の日向と見なされてきましたが、地図を見ればわかるように九州南部には大河もなく、豊葦原水穂国といえるような地形もありません。

一方、阿波の気延山周辺は大河・吉野川の河口に位置する肥沃地で、コメ作りも2400年前から行われてきた、まさに豊葦原水穂国です。

しかも、この気延山に古墳が200基余りもあることから、阿波国の聖山であり神奈備《かんなび》であることが容易に想像されるわけですが、以前、九州他各地の天孫降臨の候補地を見学されてきた古代史研究の先生が、神山町の小見山峠から東方向の気延山を見て「ここが天孫降臨の地だ！」と言って感激されていました。

小見山峠から見る気延山やその先に見える眉山《びざん》の風景は、まさに古事記にある「竺紫の日向の高千穂峰」であることが一目でわかるからです。

次に、大国主が治めていた出雲国はどこかと言うと、阿波の海岸部であると比定できます。

なぜそう言えるかというと、第一に、阿南市には、出雲を治めていた大国主を祀る式内社の八桙《やほこ》神社が鎮座していて、大国主の子供である事代主神《コトシロヌシノカミ》や建御名方神《タケミナカタノカミ》を祀る式内社の事代主神社、多祁御奈刀弥《たけみなとみ》神社も阿波だけにあること。

第二に、先に述べたように阿波と呼ばれる前は「イの国」であり、イの面《おもて》、つまり外側（端）を意味する「イの（ツ）オモ」がなまってイツモ（出雲）となり、それはすなわち阿波の海岸部を指していること。

第三に、阿波の海岸部（阿南海岸）には、出雲の「稲羽の素兎」（因幡の白兎）の舞台であると推定される岬や神社が残っていることです。

「稲羽の素兎」は、スサノオの子孫である大国主（幼名オオナムヂ）の話の始まりに出てくる物語で、次のようなストーリーです。

一匹のウサギが淤岐《おき》ノ島から対岸の気多岬に渡ろうとして、海のワニを騙して上陸しようとした。そして、騙したことをワニに告げると、怒ったワニはウサギの皮をむいて赤裸にしてしまった。

そこに八上比売《ヤガミヒメ》に求婚するために通りかかった大国主の兄弟神である八十神《ヤソガミ》が、気多の岬で苦しんでいたウサギに「海の塩を浴びて、高い山の上で風に当たればよい」と教え、その通りにするとウサギの皮膚はひび割れて痛みが増してしまった。

最後に遅れてやってきた大国主が、ウサギからわけを聞き、「水門の真水で身を洗い、蒲《がま》の花粉を巻いた上に寝ていれば治る」と教えたところ、ウサギは元の体に戻り、「八上比売と結婚するのは八十神ではなくあなただ」と告げ、その通りになった。

「稲羽の素兎」の話の条件にピッタリあうのは阿波の蒲生田岬しかない

まず、この神話で一番印象的なのが、飛び跳ねているウサギですが、四国最東端の蒲生田岬と紀伊水道に浮かぶ伊島との間には20以上の岩礁があり、この岩礁に白波が当たる様子がまさにウサギが飛び跳ねているように見えるのです。

蒲生田岬と伊島との間にある岩礁は、地元の伝説では、神様が橋を架けようとしたが天邪鬼が邪魔をしてしまうようがないので杭のまま放置した跡であるとされ、「橋杭の瀬」とも称される難所です。

この岩に強い南風に煽られて海水がぶつかるといくつもの白波が跳ねあがり、まるで白兎が跳んでいるように見えることから、地元の漁師たちは波の荒い日は「ウサギが跳ぶ」と昔から表現してきました。

一般には「稲羽」は現在の鳥取県と解され、「気多の岬」も因幡国気多郡の海岸と考えられていますが、気多《けた》とは橋桁の桁（杭）とも解釈でき、そうすると蒲生田岬の「橋杭の瀬」の伝説とも符合します。

また、蒲生田という地名からもわかるように、この地域にはウサギを癒したとされる蒲が群生しており、蒲生田岬の灯台の登り口の手前にある池にも蒲がたくさん自生しています。しかも、蒲生田岬の西側にある金刀比羅神社の摂社や賀立《かだち》神社の本殿の梁には、海の上を飛び跳ねるウサギの姿が彫られています。

このように、『古事記』の「稲羽の素兎」の話は、近くに島があり、そこからはウサギが飛び跳ねる足場があって、そのうえ真水と蒲が手に入るところでないと成り立たない、このような条件を全て満たすところは阿南市の蒲生田岬をおいて他にはありません。

次に、記紀に出てくる「ヤマタノオロチ神話」にしても、一般に出雲＝島根県とされていますが、島根県の『出雲国風土記』にはこの話自体が存在せず、したがってスサノオがオロチから救出したクシナダヒメ伝説もありません。

一方、先ほど述べたように、スサノオが高天原から追放された場所が、山間部の神山町（吉野川中流）から海側の出雲国（吉野川下流）であるとすれば、スサノオが退治したヤマタノオロチとは、出雲よりも上流で頻繁に起きていた吉野川の氾濫を鎮めた話であると推定されます。

『古事記』には、川上から箸が流れてきたので上流に人がいると思ってスサノオが訪ねると、老夫婦が一人の娘を前にして泣いていて、スサノ

金刀比羅神社の梁
所在地：徳島県阿南市福井町土佐谷

オがわけを尋ねたところ、「この高志《こし》の八俣《やまた》の大蛇《をろち》、年毎《としごと》に來て喫《くら》へり」と答えたとあります。

この時、スサノオは「イツモ（出雲）の肥河の上流の鳥髪に降り立った」とありますが、肥河とは、吉野川の支流で現在の阿波市にある日開《ひがい》谷川《だにがわ》と推定され、日開谷川の上流域にはかつて旧阿波郡大俣村という地名があり、大俣《おおまた》はヤマタノオロチを連想させます。

であれば、ヤマタノオロチとは日開谷川かとも思えますが、ヤマタノオロチはやはり吉野川でしょう。その理由は、ヤマタノオロチには高志という修飾語が付いている点、そしてとりわけ吉野川本流は昔から氾濫することが多く、そのため「暴れ川」と呼ばれてきたからです。

スサノオのヤマタノオロチ退治は暴れ川であった吉野川の治水のことだった

一般に、高志＝越国（北陸地方）と考えられていますが、北陸にいるオロチが出雲にいるというのはおかしな話であって、高志とは現在の徳島県板野郡上板町高瀬周辺を指し、ここは古くは高志という地名で、高志は吉野川沿いの地名であることから、やはりヤマタノオロチとは吉野川本流を指していると考えるのが妥当です。

その証拠に、ヤマタノオロチの「頭が八つ、尾が八つで、谷を八つ渡るほどの大きな体で、その表面にはコケや杉が生えている」という『古事記』の記述は、吉野川の支流の多さや、毎年のように氾濫をくり返す暴れ川の特徴をよく表しています。

吉野川は川幅が約１・３km、総延長１９４km、途中で集める支流の数は１２４本で、日本の三大暴れ川に数えられ、そのため阿波は昔から全国でも有数の洪水国でした。しかしそれだからこそ、コメをはじめ五穀を豊かに実らせる肥沃な土壌になったのです。

スサノオは吉野川の治水を行い、「ヤマタノオロチを退治」した。こうして、吉野川の支流の一つである肥河を洪水の影響を受けることなく吉野川本流に流せるように

吉野川中流域、阿波郡阿波町（現・阿波市）

なったので、肥河から日開谷川《ひがいだにがわ》となったと考えられます。

また、この吉野川ヤマタノオロチ話を裏づけるように、この地域には櫛名田比売《クシナダヒメ》の名前が残る名田橋や、スサノオがヤマタノオロチを退治して取り出したとされる天叢雲剣を示す式内社の天村雲神社があります。

このように、後期高天原の神山町からアマテラスの孫のニニギが気延山に天下ることによって、高天原・出雲国の統一王朝、すなわち古代やまと（倭）が成立したのです。

この古代やまと・阿波で起きた歴史の出来事を記したのが、『古事記』の原典である『阿波国古事記』です。それがのちに神武東征によって畿内に持ち込まれ、当時の編纂者によって現在の『古事記』に書き改められたと考えられます。

しかし、素直によく『古事記』を読んでみれば（本居宣長の『古事記伝』ではなく）、そこに記されている出来事は明らかに阿波を舞台にしていることがわかるはずです。

阿波古事記研究会では、古事記の舞台が阿波であることを一人でも多くの人に知っていただくためにご要望に応じて各地でお話し会を行っており、また古事記編纂１３００年にあたる２０１２年からは古事記ゆかりの地として比定した神社などに看板を設置する活動も続けています。

阿波古事記についてより詳しくお知りになりたい方は、ぜひ私どもの公式ホームページや YouTube 動画等をご覧ください。

（以上、三村さん談）

◎阿波古事記研究会ＨＰ
http://park17.wakwak.com/~happyend/index.html
◎阿波古事記研究会 Facebook
https://www.facebook.com/groups/374686305904852

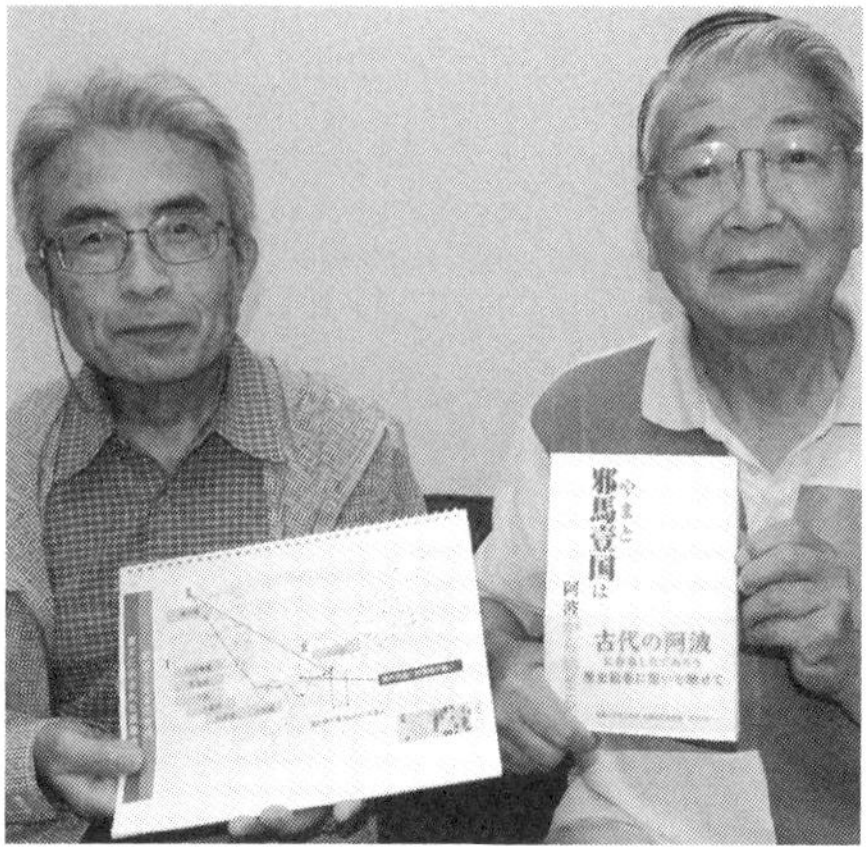

邪馬壹国《やまとこく》（やまと国）研究会の土佐野治茂会長（左）と
阿波古事記研究会の三村隆範副会長（朝日新聞デジタルより）
写真下は阿波古事記研究会の出版物

◎阿波古事記研究会　広報　のだせんいち氏

https://www.youtube.com/@user-ir1jm7ul6f/videos

「あわれ」とは天岩戸が開いた時の状況を伝える阿波の心＝阿波禮である

三村さんが言うように、邪馬壹国（阿波）から畿内の大和王権（大和）に政治の中心が移ったのだとしたら、日本文化の始まりの地は阿波だったと言えるのではないでしょうか。

始まりの地・阿波では、忌部氏の存在もあって日本文化の源流を知ることができます。例えば、「もののあわれ」という日本人特有の情緒を表す言葉があります。

これは、江戸時代に『源氏物語』を読んだ本居宣長が「この物語、物の哀れを知るより外なし」と高く評価したことから、さまざまな出来事に対して揺れ動く人の心、情の深く感ずることを「物の哀れ」と表現するようになったようです。

今では、哀れというと何かもの哀しげなイメージを伴いますが、三村さんによると、本来の意味はそれとはまったく違っていたそうです。

三村さんが「あわれ」の語源について調べたところ、宣長よりも前の平安時代（807年）に斎部広成《いんべのひろなり》によって書かれた『古語拾遺《こごしゅうい》』に「阿《あ》波《わ》禮《れ》」という言葉が使われており、これは天岩戸が開いた時の状況を伝えていて、次のような意味合いで使われていたようです。

阿《あ》波《わ》禮《れ》とは、「折に触れ、目に見、耳に聞くものごとに触発されて生ずる、しみじみとした情趣や哀愁」であり、現れてきたものを気づき、感じること。

つまり、神々の姿を自分の目や肌で感じられる感性・感覚を大切に保つことが、本来の阿波禮《あわれ》なのです。

そして、この阿波禮は、現在も徳島県人が使っている阿波弁の「あるでないで」にも通じます。

「あるでないで」は、「そこにあるでしょ」というような意味合いです。同じように、阿波禮はそこにあるもの、現れているものへの気づきですから、三村さんが言うように、八百万の神々はまさに私たちの目の前に「あるでないで」なのです！

また、阿波禮《あわれ》に似た言葉として、次のような言葉もあるそうです。

阿那於茂志呂《あなおもしろ》は、ああ面白い。
阿那多能志《あなたのし》は、ああ楽しい。
阿那佐夜憩《あなさやけ》は、ああ爽やかな、
飫憩《おけ》は、最期につく終わりの意味と考えられる。

なので、三村さんは阿波禮《あわれ》を次のように捉えているそうです。

人は浮世に流され、喜怒哀楽に浮き沈みしながら一生を送っている。
しかし、心の中では、誰もが阿波禮を感じて生きていたいと願っている。
この阿波禮こそ、阿波の心であり、古代やまと（邪馬壹）人の生き方に他ならない。
『古事記』には、その阿波の道がはっきりと示されている。

古代やまと、すなわち阿波の人々は、
ことにおいて
いつも面白く、いつも楽しく、いつも
爽やかに、
心をそこにとどめる生き方をしていた。
これすなわち、「阿波踊り」の真髄である。

『踊る阿呆に　見る阿呆　同じ阿呆なら
踊らな　そんそん』

確かに、阿波踊りは、アメノウズメによる阿波禮の舞いのようにも見えます。

目の前にいる神々と共に、喜びや楽しみを無邪気にわかちあう阿波禮。
三村さんの言うように、誰もがそのような心で陽気暮らしができれば
…と切に願います。

真偽論争に終始するのではなく、
調和を育むヤマトの精神を取り戻すことが大切!!

これまでご紹介してきた「邪馬台（壹）国阿波説」や「阿波古事記」に関する情報発信は、地元徳島県でも広がりを見せています。
2019（令和元）年9月には、徳島商工会議所青年部が徳島市で「第1回卑弥呼フェス!」というイベントを開催し、翌年には邪馬台国阿波説を題材として、女子高生が卑弥呼と徳島の関係などについて探るストーリーを描いた青春映画『少女H』を製作しています。

『少女Ｈ』の映画製作に携わった徳島市の保険代理店経営・山本高弘さんは、「こんなに面白い話はなく、県外の人からも関心が強い。剣山にユダヤの秘宝が眠るとされる伝説なども含め、県内の古代史に関する逸話を整理してさらに広めたい」と語っています。

『少女Ｈ』は県内や東京都で上映後、YouTubeで公開したところ11万回以上再生され、それと共に阿波説は歴史や都市伝説を扱うYouTuberによって紹介されたこともあって、若い層からも熱い注目を浴びています。

『少女Ｈ』のワンシーン

さらに、2023年10月には『女王卑弥呼は阿波女』を出版しているNPO法人「吉野川に生きる会」主催の集会が県青少年センターで開かれ、愛媛大学大学院の越智正昭客員教授らが、出土品や地質学、気候などの観点から阿波説について解説し、島勝伸一理事長も「阿波説は論理的に実証できていると思うし、県民にとって誇りにもつながる」と語っています。

また、阿波古事記研究会も、2023年10月に「第5回やまと全国大会in MIMA」を開催し、忌部直系の御殿人である三木信夫氏に令和の大嘗祭をふり返って麁服調進の講演をいただくと共に、真実の歴史をもとめる全国の歴史ファンが大勢美馬市に集い「やまと」を見直すシンポジウムを行いました。

こうした動きを受けて、徳島県としても観光施策に取り入れていく方針で、後藤田正純知事も「阿波説は徳島の観光にとって伸びしろの一つ」と述べると共に、「我々のアイデンティティは阿波古事記・邪馬台国、そして眉山と徳島城」として２０２４年は徳島県全体を開く年に！とおっしゃっています。

◎邪馬台国は阿波だった!?

いよいよ徳島が動き出す！　徳島県知事後藤田正純さん出演！　阿波を大いに語る！（https://www.youtube.com/watch?v=7RvWSRRxk5Q）

２０２４年３月には、阿波古事記研究会の三村さんを講師として神社などの歴史スポットを巡る１泊２日のツアーが開催され、それに続き今後も県内外の YouTuber によるツアーが数多く計画されています。

同年４月には、一般財団法人阿波ヤマト財団が、麗しい日本の心のふるさと、皇都倭（ヤマト）は阿波にあった。これからの日本の再生と世界の安寧のために、ここ阿波徳島から力強いメッセージを発信していきたいとの趣旨のもと設立されました。

さらに、山蔭神齋80世で「創生神楽」の生みの親である表博耀宗家（『縄文の世界を旅した初代スサノオ』著者）のご指導の下、徳島での阿波創生神楽の開催に向けて、地元有志たちによる神楽練習も始まりました。

もちろん、邪馬台国や古事記の舞台に関しては諸説ありますが、従来のように真偽論争に終始するのではなく、卑弥呼の時代に平和な連合国が築かれていたのが確かだとしたら、今こそ

山蔭神齋80世　表博耀宗家（中央右）と左からタッキーノミコト、ヤマモトタケルノミコト、アワテラスオオミホミコ

その調和を育む〝やまとごころ〟（阿波禮）を取り戻すことが何よりも大切なのではないか――そんな気がしてなりません。

始まりの国、そして新たな波が始まる場所…それが阿波《アワ》!!

◎阿波ヤマト財団ＨＰ

https://www.awayamato.jp/

◎阿波ヤマト財団 YouTube【阿波ヤマト Ch.】

http://www.youtube.com/@awayamato/featured

つるぎ町貞光字僧地から見たつるぎ町と吉野川と美馬市（やまとの風景）

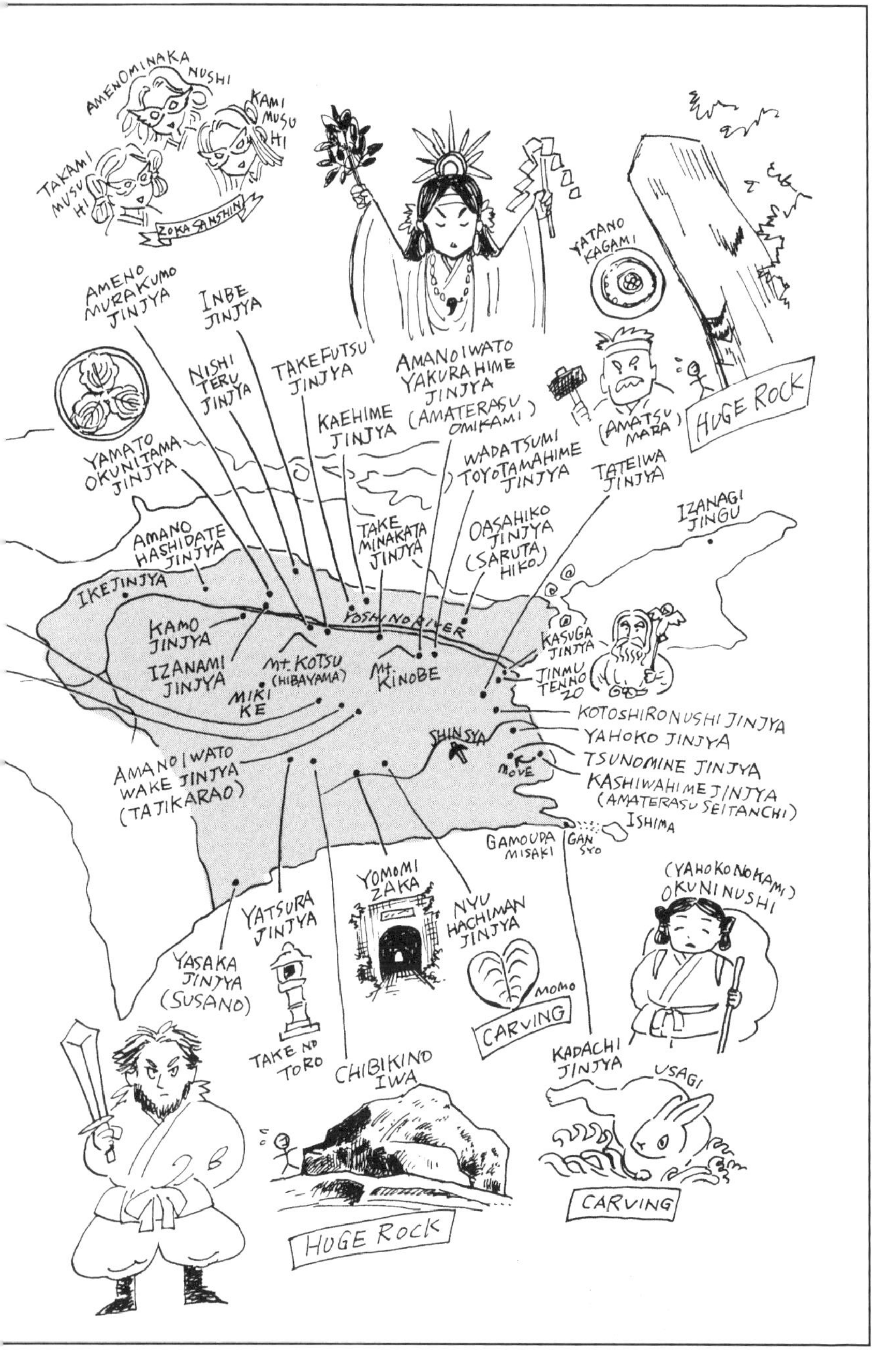
AMENOMINAKA NUSHI
KAMI MUSU HI
TAKAMI MUSU HI
ZOKA SANSHIN
YATANO KAGAMI
HUGE ROCK
AMENO MURAKUMO JINJYA
INBE JINJYA
NISHI TERU JINJYA
TAKEFUTSU JINJYA
AMANOIWATO YAKURAHIME JINJYA (AMATERASU OMIKAMI)
KAEHIME JINJYA
(AMATSU MARA)
YAMATO OKUNITAMA JINJYA
WADATSUMI TOYOTAMAHIME JINJYA
TATEIWA JINJYA
IZANAGI JINGU
AMANO HASHIDATE JINJYA
TAKE MINAKATA JINJYA
OASAHIKO JINJYA (SARUTA HIKO)
IKEJINJYA
YOSHINO RIVER
KAMO JINJYA
IZANAMI JINJYA
Mt. KOTSU (HIBAYAMA)
Mt. KINOBE
KASUGA JINJYA
JINMU TENNO ZO
MIKI KE
KOTOSHIRONUSHI JINJYA
YAHOKO JINJYA
SHINSYA
TSUNOMINE JINJYA
MOVE
AMANOIWATO WAKE JINJYA (TAJIKARAO)
KASHIWAHIME JINJYA (AMATERASU SEITANCHI)
ISHIMA
GAMOUDA MISAKI
GAN SYO
YOMOMI ZAKA
(YAHOKONOKAMI) OKUNINUSHI
YATSURA JINJYA
NYU HACHIMAN JINJYA
YASAKA JINJYA (SUSANO)
MOMO
CARVING
TAKE NO TORO
CHIBIKINO IWA
KADACHI JINJYA
USAGI
CARVING
HUGE ROCK

KOJIKI
AD. 712
AWAKOJIKI
ARUDE
NAIDE
MAP
KONOHANA
SAKUYAHIME
IWANAGA
HIME
KOJIKI JIDAI NO SHIKOKU
SANUKI
(IYORIHIKO)
AWA
(OGETSUHIME)
OYAMADUMI
JINJYA
(OYAMADUMI NO
KAMI)
IYO
(EHIME)
TOYO
CHUYO
YO
I
KI I
HANTO
KI I
SUIDO
NAN YO
HOU YO
KAIKYO
TOSA
(TAKEYORI
WAKE)
I SHIMA
IYO NO HUTANA JIMA
AMENO
UZUME
KAMIICHINOMIYA
OAWA
JINJYA
(OGETSU HIME)
SANGOKUSHI
GISHI
WAJINDEN
AD. 280-297
AMANOIWATO
TATEIWA
JINJYA
邪馬壹《やまと》国は
阿波から始まる
YAMATOKOKU HA
AWAKARA
HAJIMARU
AD. 2019
ZENNYUJITO
(AWASHIMA)
MAINAKASHIMA
(ONOKORO JIMA)
IWAZU
AWANO KUNI
TOYOASHIHARA
MIZUHONOKUNI
HOUKI NOKUNI
(NENO KATASU
KUNI)
Mt. KOTSU
HIBAYAMA
Mt. KINOBE
TAKACHIHO
HUGE ROCK
TAKAAMAHARA
YOMOTSUHIRASAKA
IZUMO
NAGANO
KUNI
(ASHIHARA
NO
NAKATSU
KUNI)
HIMUKA NO
TACHI
BANA
ENGISHIKI
JINMYOCHO
A.D. 927

第6章

剣山・古代ヤマトの女王国が注目される理由《わけ》

霊能を持つ修験者に聞いた
剣山と日本の霊的役割

ここからは、剣山や古代やまとの女王国（阿波）が注目される理由についてて深掘りするために、今度は霊的な視点から見た剣山に関するお話をお二方からいただきたいと思います。

まずお一人目は、「天皇の国師」と称された故・三上照夫氏の直弟子であった修験者の古市政春さんです。

三上照夫氏とは、宮中の侍従から「最後の国師」と呼ばれ、昭和天皇の私的な相談役として12年間にわたって宗教の極意を講義し続けたという霊能力者であり、世界の混迷を救済解決するために独自の第三文化論を提唱された人物です。

三上氏は自身の前世が源義経で、モンゴルに渡りジンギスカンとなって部族統一に成功した記憶を持っていて、大本の出口王仁三郎と最初に出会った時、王仁三郎は初対面の三上青年に対して「お待ちしておりました」と言ったそうです。

日本神霊界の大巨人をして「あなたを待っていた」と言わしめるほど、優れた能力と大きな使命を持っていたことがうかがえますが、実際に三上氏は歴代の総理から相談を受けたり財界のリーダーの指南役を務めると共に、弟子たちに対しても霊的な指導を行っていたということです(詳しくは『第三の文化の時代へ』及び宮﨑貞行著『天皇の国師』を参照)。

古市さんは、その三上照夫氏に師事された直弟子のお一人です。

古市さんは、42歳までは普通のサラリーマンで、熊野で山伏修行をして霊能力が開花してからは会社を辞めて自営業に転職、その後は剣山を含め日本各地の山の神さまから呼ばれてご神業に行かれるようになったそうです。

お山を守っている神様＝意識体と対話をし、時には噴火しそうな山を鎮めたり、九州の霧島ではニニギノミコトが現れ、その時の対話でニニギのルーツは水星ということがわかったなど、大変貴重な体験をされてきています。

それでは、古市さんに剣山と日本の霊的な役割について語っていただきましょう。

【お話】 古市政春《ふるいちまさはる》さん

霊能力を持つ山伏・修験者。「天皇の国師」と言われた故・三上照夫氏の直弟子。古代史研究家。香川県在住。

剣山は神々の聖域で繋がる山々のネットワークで結ばれている

日本の主要な山、例えば、阿蘇の霧島山、愛媛の石鎚山、徳島の剣山、滋賀の三上山、飛騨の位山、富山の立山、富士山などはネットワークで結ばれていて、そのネットワークは山の上のほうと下のほうの2つの領域に分かれています。

上のほうのネットワークは高次の神々（神霊）の領域で、低いほうのネットワークは一般の霊能者が応答するような霊的な領域です。

剣山は、上のほうのネットワークで繋がっていて、剣山で祝詞を奏上するとその高い波動が地球全体に回ります。祝詞と言っても言語ではなくて波動、振動で伝わるので、日本語の意味がわからない海外の人にもちゃんと伝わります。昔の修験者たちはそれがわかっていたので、剣山のような聖なる山の上で祝詞を奏上していたのです。

剣山の構造の特徴としては、それぞれの神社が裏鬼門から時計回りに申酉戌《さるとりいぬ》という方位に基づいて三角形に組まれていることです。桃太郎の話にもサル・トリ・イヌが出てきますが、これは大王家の元で阿波にいた安曇族、宗像族、出雲族などの部族を表していて、三角形の構造になっているのはこれらの3つの部族を統合するためです。

剣山は祖谷川・貞光川・穴吹川の3つの川の源流になっていて、登山ルートも3つありますが、それも同じ理由です。

ようするに、剣山は異なる3つの民族の調和をもたらすために三角形の構造になっていて、要所となる場所、西島神社は□（四角）、大剣の御塔石は△（三角）、剣山本宮が○（円）、この3つの幾何学で調和を図る、これが宇宙の真理なので、剣山自体が調和の統治理念に則っているわけです。

そして、剣山の北東にある白人《しらひと》神社の巫女は、太陽と月の2つの鏡と御幣を持っていて、太陽と月、火と水、つまり表と裏の両方の神事を執り行います。この白人神社の神様の使いは兎《う》ですが、方位の卯《う》は東の方角、つまり、元々は十二支の順に従ってこの卯に当たる白人神社からご神事を始めなくてはいけないということです。

十二支は12星座に対応しているので、例えば、穴吹川の猿渕滝は申《さる》なので星座ではおうし座、昴とも言われるプレアデス星団に当たりますが、これは主要な場所が剣山を中心に宇宙の天体と対応した形に配置されているのです。

ちなみに、シリウスは古事記に出てくる「千五百秋《ちいおあき》」で、これはシリウスが再び東の空に現れる１５００年周期のことで、当時は稲作を行うのに太陽とシリウスを基準にした暦を用いていました。ところが、その後、星座信仰は消されて太陽信仰だけになってしまったので、今の学者はこの千五百秋の意味がわからないのです。

剣山のご祭神は大山祇命《オオヤマヅミノミコト》ですが、オオヤマヅミは元々は大地の神様です。それは太古海底にあった土地が隆起してそれが剣山になったためにに山の神となったわけです。隆起する前は海を司る大綿津見神《オオワダツミノカミ》ですから、オオワダツミのほうが古い神様になります。

そのオオヤマヅミが治めていた土地に、海の民や山の民が集まってできたのが剣山で、オオヤマヅミから剣山の統治を引き継いだのがスサノオ、すなわち阿南の大国主です。スサのルーツはペルシャで、元々はスサの王のことです。

そのスサの王が中国で夏《か》の国をつくり、その後で日本に入ってきたスサノオが阿南の那賀川にやって来たんですが、この那賀川は博多の那珂川や茨城県の那珂川と同じ民族が拓いた、つまりスサノオたちは西の方から四国にやってきて、さらに今度は東征して勢力を広げていったということです。

イスラエルの第三神殿にアークが入れられると世界最終戦争が起きてしまう

一方、南方から焼き畑農業を持って北上し、阿波に入った民族がオオゲツヒメの系統です。オオゲツヒメは焼き畑をするのでどうしても災害が起きる、だからスサノオがオオゲツヒメを殺したということになっているわけですが、実際は、スサノオは山間地に植林をして、オオゲツヒメは畑を耕していました。

そして、スサノオは、オオヤマヅミの娘のコノハナサクヤヒメを介してオオヤマヅミから剣山の金属資源をもらいます。コノハナサクヤヒメは富士山から剣山系の祖谷の三嶺《みうね》山に来られていて、こちらでは剣姫《ツルギヒメ》と呼ばれていました。スサノオはこの剣姫の許可を得たことによって剣山を治めるようになったわけです。

これは、大王（天皇）の剣を所有する者はオオヤマヅミであり、その剣を使用する権利がスサノオに与えられたことを意味します。そしてこの剣には、突く・切る・止める機能があり、それぞれ所有者（オオヤマヅミ）・使用者（スサノオ）・宗像三女神の3者の役割を表しています。

ちなみに、宗像三女神はオリオンの三ツ星で海の女神ですが、日本では赤い星が平家星、白い星が源氏星で、ここから妙見信仰が生まれました。

剣の所有者と使用者の間になぜコノハナサクヤヒメが介在するのかというと、コノハナサクヤヒメは観音様だからです。つまり、この神剣（草薙の剣）を使って勝手に人を殺してはならない、正しい使い方をせよという制約を設けているのです。

神剣が造られていたということは、剣山系には貴重な鉱物資源が豊富にあるということですが、元々剣山系はマグマによってできる結晶片岩地帯で、とりわけ西の高越山などには水晶や電気石などもたくさんありました。

剣山のアーク伝説に関して言えば、日本にアークを持ち込んだのは、イザヤという女性神官で、最初は秦河勝《はたのかわかつ》が祀られている赤穂の大避神社に隠されました。アークの正体とは何か？　と言うと、実は放射性物質であるウラン鉱石です。

ところが、地元の人たちがウランの放射能に被爆して問題になったので、どこか安全な場所に埋められないかと探した結果、四国・阿南のスサノオに託されたのです。

当初、アークの移動場所として奈良が検討されたのですが、ユダヤ教のシンボルであるアークは一神教のやり方で納めなくてはいけなかったのが、奈良は多神教の文化だったので、一神教の納め方ができなかったため却下されました。

それと同時に、神様からすると、アークをイスラエルの第三神殿に入れてしまうと世界最終戦争が起きてしまうので、それを避けるためにも東のエルサレムである日本に持って来させたのです。

なぜ四国・阿南のスサノオに託されたかというと、彼が同じソロモンの子孫だったからです。そこでアークを保管するための特殊な井戸の掘り方や水銀なども含めた錬金術や製鉄技術がスサノオ、すなわち阿南の大国主に伝えられたのです。

こうしたことはすべて神仕組み、神事で動いているのです。

今、そのアークがどこにあるかは言えませんが、剣山に埋められているわけではありません。剣山はあくまでお祀りをする場所で、イスラエルだけでなく、地球全体の波動を上げるための聖なる場所が剣山だからです。

実は、アークはある神社の池の中に漬けられている状態で隠されています。その理由は放射能の問題だけでなく、このウラン鉱石がニビル星と交信するための装置になるからです。つまり、宇宙人アヌンナキとの交信機で、アークを使って彼らと交信が始まると地球は完全にニビル星の支配下に置かれてしまうので封印されているのです。

天皇家の中でアークのありかについてタブーなのはそのためで、過去にその場所を喋った人は実際に殺されています。そのため、アークは日本と地球を守るためにある勢力によって管理されていて、それが八咫烏と呼ばれる人々です。

日本という龍体が一つになれば新たな「和の文明」が世界に広がる

次に、霊的な視点から見た日本の役割について述べます。

古代シュメール文明をつくったのはニビル星人（アヌンナキ）ですが、その末裔に当たるのが改宗ユダヤ人と呼ばれる白人たちです。

彼らはこれまでディープステイトとして暗躍し、人口削減や人類の奴隷化によって世界統一政府をつくろうとしているわけですが、そうした動きはこれからも続いていくでしょう。

一方、日本は元々アマテラス系の調和型の文明です。それがヤマトの「大和」で、大というのは宇宙全体を意味しています。つまり、宇宙全体の調和の法則を地上に表現する、これが本来のヤマト＝大和の意味であり国是です。

そして、そのための道筋を示したのが三上先生の「第三の文化論」です。

三上先生は、ロシアのヴァレリー・ココフというカバルダ・バルカル共和国大統領などとも親交があって、ココフ氏は三上先生を通じてロシアが理想的な社会主義国になるための施策を模索されていましたし、ドイツなどにも西洋思想の二元対立を超える三上先生の第三文化論の賛同者がいました。

ところが、戦前・戦後にかけて行われた欧米勢力による日本潰しの作戦によって、日本はアメリカの属国状態に置かれ、今でも日本

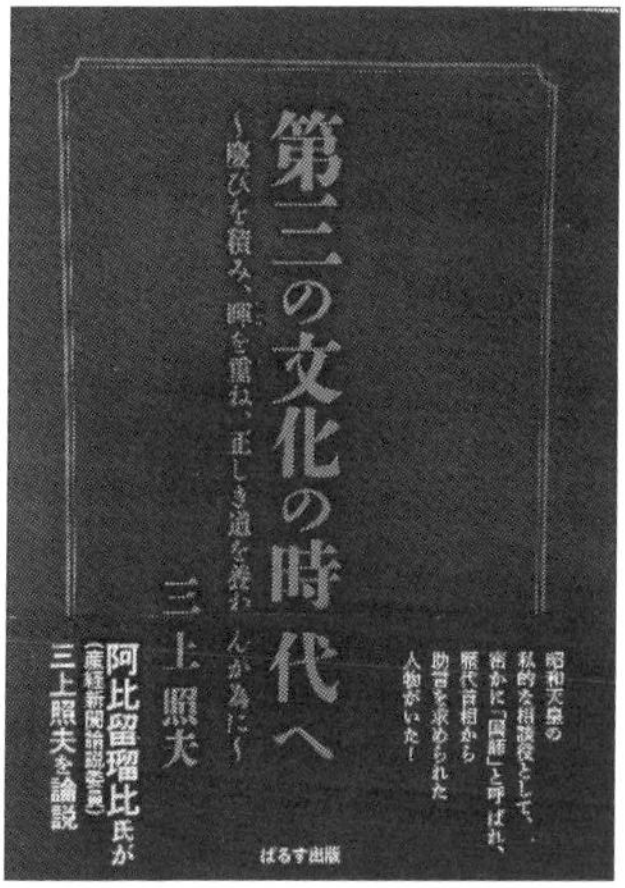

ぱるす出版刊

政府はずっとアメリカの言いなりです。教育にしても日本の伝統的な精神文化を教えず、それがわからない日本人が増えてしまった…。

しかし、シュペングラー博士が『西洋の没落』で示したように、西洋文明は因縁によっていずれはやがて崩壊して日本の和の文明が訪れる、三上先生はそのように見通されていました。

和の文明に至るための道筋を示されたのが第三の文化論で、そこで述べられているのは自由と平等が矛盾なく両立する日本の家族主義であり、それは人格や思いやりに基づく人道主義、道統（全一）主義です。

つまり、欧米型の自由主義でも旧ソ連や中国の社会・共産主義でもない、新たな第三の道であり、その考え方や方策は三上先生の奥様によってこの度上梓された『第三の文化の時代』に詳しく述べられています。

和の思想は、聖徳太子の『先代《せんだい》旧《く》事《じ》本《ほん》紀《ぎ》大成経《たいせいきょう》』の中に記されていますが、今の政治家は神武天皇が掲げた国づくりの基本となる「和する」という国是がわかっていません。

　和の文明がどのように世界に広がるかというと、まず日本という龍体が一つになって目覚めることです。

　霊的に見ると日本列島は裏と表、陰陽一対の龍体であり、裏の龍は頭が九州、四国は心臓に当たり、台湾や沖縄は龍が持つ玉です。この地球の雛型である龍体日本で起きることはやがて世界に起こるわけですが、そこで要となるのは、龍の玉を持つ沖縄の豊玉姫と龍体の心臓に当たる四国の石鎚山と剣山です。

　龍宮の乙姫である豊玉姫は、神武天皇の祖母で縄文の女神です。この豊玉姫の許可が下りて天皇が動かれると、そこで和の文明の流れが日本から世界へと波及することになります。

　つまり、和の文明を興すには、まず縄文から続いてきた女神のエネルギーを日本全体に流すことが必要なのです。そのためにも剣山の神社を整えてパワーを蘇らせることが大事で、今、修験の行者をはじめいろんなお役目を持った方々がそのために動かれています。

この龍体としての大和の目覚めを成し遂げるのは、そこに関わる人々の統一された思いと言霊であり、それこそが無私なる祈りの力です。

（以上、古市さん談）

生涯を観想と祈りに捧げるカルメル修道会がたくさん聖人を輩出している理由

次にお話を伺ったのは、第1章で粟飯原住職のお話に出てきた「神の声を聞いて剣山に来られた」シスターです。

公的な立場にいらっしゃることもあってここでは個人情報は明かせませんが、名前はクリスチャンネームのマグダラのマリアさん、マリアさんにインタビューでお聞きした要点のみお伝えしたいと思います。

【お話】　マリアさん

23歳でカトリック教会にて受洗。堅信名はテレーズ。２０１８年にプロテスタントの牧師さんからヨルダン川にて再洗礼を受け、マグダラのマリアの洗礼名を授かる。東京都在住。

――神の声を聞かれるようになったきっかけは何だったのでしょうか？

マリア（敬称略）　私は小さい頃、母が病弱だったために祖母に預けられて育ちました。２人暮らしだったために、話をする相手がなく、月や星、虫や鳥といった自然しか会話をする対象がなかったことが影響していると思います。

父方がカトリックの家庭だったことから、私もカトリックの幼稚園に入れられたのですが、祖母は無口な上に毎日早く寝るので、私はいつも一人で部屋にこもって過ごし夜になると窓から外を眺めては空に向かって話しかけていました。

お友達に話しかけるように、毎日月や星に向かって一日の出来事を話したり、朝起きたら庭にいる蟻や草花に声をかけたりしていました。満ち欠ける月、瞬く星、たなびく雲、夕暮れ時の夕焼けのグラデーション。一人見あげる空の中で日々くりひろげられるシンフォニー。毎日、毎瞬変化するその動きを眺めているうちにその背後に何か暖かい命の気配のようなものを感じるようになって自然と対話することが日常的になっていきました。

そして9歳の時に、友達の洗礼式に招かれて初めてカトリック教会に足を運びました。そこで神父様からなぜか一人だけ呼ばれてあなたは来週から教会に来るようにと言われ、教会の日曜礼拝に通うようになったのです。日曜日はいつも独りぼっちだった私にとって教会は心安らぐ居場所となり、対話をする対象が月や星から神様やイエスさまに変わっていきました。

沈黙と孤独が日常であった子供時代の私にとって夜は大変長く苦痛なものでした。そんな中、学校でならった「ちいさなひとびとの」という賛美歌が心の支えとなっていきます。

「貧しい人が飢えている、貧しい人が渇いている。国を出た人に家がなく、寒い冬には着物がない。病気の人は苦しみ、牢獄の人は蔑まれ、みなしごたちは寂しく、捨てられた人に友がない」

歌詞の中に出てくるこういった人々のことを想像しては一つ一つ思い巡らせながら、この人たちに比べれば自分は恵まれていると自分にいいきかせ、安心してねむりについていました。同時にこういった人々の中にこそキリストの愛は注がれているという福音のメッセージが自分の中に深く刻まれていきました。

——剣山に来なさいという声を聞かれた経緯について聞かせてください。

マリア　それについては私の堅信名から説明する必要があります。私の堅信名は「テレーズ」ですが、この名前はカトリックのカルメル会という観想修道会の聖人で、マザー・テレサの「テレサ」の由来のシスターです。

修道会には、一般によく知られている活動修道会とは別に観想修道会があって、こちらは修道院の中だけで祈りと観想、労働を中心とした自給自足の生活を送る修道会で、ここに入るとすべての所有物を放棄して一生涯を沈黙と祈りに人生を捧げることになります。

カルメル会では外部の人と会えるのは修道院長だけなので、「禁域」とも呼ばれますが、キリスト教の聖人はこのカルメル会からたくさん出ています。

今、私が一般の人たちに知っていただきたいと思っているのは、この「観想」の領域です。聖人と言っても決して清廉潔白な人という意味ではなく、人は誰もが罪人《つみびと》です。この、罪の本来の意味は神と意識がブレているという意味においてです。

罪というのは、内なる神、魂である真実の自己と自我《エゴ》が分離していることで、これを一つに統合していくことが本来の宗教の意味であり、そのためには瞑想や黙想が不可欠です。

神の声を聞くのは特別なことではなく、本来、万人に与えられたポテンシャル

カルメル会が世にたくさんの聖人を輩出しているのは、生活のほとん

どが沈黙の中で黙想に集中しているからだと思います。単に清いから聖人ということではなく、どうしたら内なる神と一つになれるのか、それを自らの生き方を通して、また体験を通して人々に明かしてくれているのが聖人の存在であり、隠れた「キリストの証し人」と言われるゆえんです。

カルメル会に入るためには、自分の意志だけではなれず、コーリング(召命)といって内側から神に招ばれる体験を経る必要があります。私はフランスのカルメル会に入りたかったのですが、現地のカルメル会の修道院長から「それを本当に望むならあなたが日本人として日本に生まれたのも神のご意志(vacation)だから日本に帰り日本のカルメルの姉妹のところに行きなさい」と言われ、日本のカルメル会の神父様に指導をしていただくことになりました。

そして、日本のカルメル会で黙想を続けているうちに、ある時、十勝の修道院で「娑婆に出て塵の中で塵として福音を伝えなさい」というコーリングがあり、結局、「禁域」の中には入ることは叶わず、一般の社会の中で生きることになりました。

それでも私生活の中で、日々念禱と黙想と祈りを習慣的に続けているうちに自ずとインスピレーションが冴えていきました。これは私が決して特別なのではなく、自己の内側で神の声を聞くことは、本来、万人に与えられた人間のポテンシャルであり能力だと思います。

私の場合は特殊な育ちの背景があったことで、日常的に沈黙の中で自然と対話をするという下地があったことと、長年の修練を重ねてきたことで、神の声を聞くことはいたって日常的なことでした。

その後、２０１８年2月14日「灰の水曜日」(灰＝塵)にイスラエルのヨルダン川にて、プロテスタントの牧師の方より再洗礼を授けていただき、「マグダラのマリア」の洗礼名をいただきました。それを機に、カトリック、プロテスタントといったカテゴリーを超えた「イエスの名の元に一つとなる」超教派《エキュメニカル》のクリスチャンとしての歩みが始まりました。「剣山に来なさい」という声を聞いたのは、2020年に四国でその牧師の方が十字架を担いで行進する際に徳島を共に歩いた時のことでした。

徳島に着いた瞬間その声が聞こえたのですが、その時は剣山がどこにあるかも知りませんでした。また、「【ミミ】という言葉はヘブライ語で「先生」という意味があるらしい」という話をしながら歩いていると、目の前にいきなり大きな耳のモニュメントが現れ、さらに数歩進むと「キリストは命」という看板が現れて、それを見て、これは神様からの合図だと感じました。

――剣山にアークが隠されているという説についてはどう思われますか？

マリア　元駐日イスラエル大使の方が剣山に来られた時に、アークが出てきたら第三神殿を建ててそこに納めたいとおっしゃられていたというお話を伺ったのですが、それはイエスの教えとは異なると思います。

イエスは「あなたがたは神の宮であって、神の御霊が自分の内に宿っていることを知らないのか」と言われています。つまり、人間の内側に神は宿っている。私たちの外側に神殿を造ったり組織をつくったりするのではなく、人間そのものが教会であり神の宮なのだと言うことだと思います。

劔神社の宮司さんも、人間の集合意識が今のように自己中心的なものから、「私たち＝We、our＝アワ」というように意識が成熟してきて物質的な物への執着を超越した時にアークが現れるのではないかとおっしゃっていましたが、それがベストアンサーではないでしょうか。

今、私たちが成すべきことは、いかに人々の集合意識を高めていくかであって、物質的なアークに価値を見出すのは主旨とは異なるのではないかと思います。

復活したイエスの言葉を聞いた使徒の中の使徒・マグダラのマリア

――私たちが意識を高めるためには何が大事だと思われますか？

マリア　私自身はカトリックとプロテスタントのいいところを繋ぎ、シュタイナー教育にも共感していますが、今の聖書は情報量が限定されていて、1945年に発見されたナグ・ハマディ写本に書かれた『トマスの福音書』や『マグダラのマリアの福音書』などの外典は含まれていないのでそこの部分への理解も深める必要性を感じます。

特に大事なのが、マグダラのマリアの福音ではないかと思います。マグダラのマリアはずっと娼婦だと思われていましたが、それは真実ではありません。イエスが十字架で磔になった時、他の男の弟子たちは全員イエスを裏切って逃げたのに対して、女性の弟子だったマグダラのマリアは他の女性たちと共にイエスの磔を見守り、イエスの亡き骸に香油を塗って、3日目に復活したイエスの姿を見ても驚くことなく、その出来事（福音）を他の弟子たちに伝えたのも彼女でした。

ところが、マグダラのマリアはそれ以降、聖書には登場していないのです。

復活したイエスは、その後、昇天《アセンション》し、聖霊となってこの世に降臨しました。ですから今もこの世には聖霊が充満していると考えます。ヘブル語には「ルアハ」という言葉がありますが、それは神の息・風・霊を意味します。

マリアは、復活したイエスから聞いた言葉をそのまま他の使徒たちに伝えました。しかし、グノーシス派の文献によると、使徒ペテロはイエスに愛されたマリアに嫉妬をして、その時にイエスが発した言葉、つまりマグダラのマリアの福音を拒絶し、自分たちだけでヒエラルキー型の組織をつくり、マグダラのマリアに否定的なイメージを流布し、さまざまな規律や規制を設けてキリスト教を頑なな男性原理の宗教にしていったのではないかと思います。

当時は男尊女卑の時代だったこともあってマリアは使徒として認定されなかった、しかしその後、2016年になって教皇フランシスコがマグダラのマリアは「使徒の中の使徒」であることを認め、「7月22日」を彼女の祝日と定めたことから、マグダラのマリアに関する公の研究が進みました。そのおかげで、『マグダラのマリアによる福音書』などの本や、とてもリアリティのある『マグダラのマリア』という映画なども製作されています。

私自身も2022年、マグダラのマリアの祝日である7月22日に「朝5時に伊勢神宮の五十鈴川（イエズス川）」に来なさい」という神の声を聞き、その声とビジョンに従って一人で伊勢神宮に行って献身の誓いを立てました。

五十鈴川に半身を沈めた時、私の目の前にどこからともなくシラサギが舞い降りて、川面の上を低く低くゆっくりと水平飛行をしていくのを見ました。そのえも言われぬ美しさに言葉は完全に失われ時が止まった

マグダラのマリアについて
描いた書籍と映画（DVD）

ような静寂の内に在る圧倒的な神の臨在を感じました。その翌年にも同じ7月22日に、再び静謐に浸るために伊勢神宮を訪れました。
その同じ日、代子《だいし》である村田諒太さんは徳島にいて、翌月の8月には不思議な導きのもとで村田さんと一緒に剣山を訪れることになったわけです。これからはイエスがマグダラのマリアに伝えたように、誰もが自分の内側で神と繋がる体験をし、一人一人が真に自立することが大切であると思います。

——マグダラのマリアの話は、これまで封印されてきた邪馬台国の卑弥呼や縄文の女神とも通じる話で、女性性を解放するための象徴的な場所が剣山なのかもしれませんね。

だとすれば、今の聖書（正典福音書）には書かれていない、イエスが本当に伝えたかったマグダラのマリアの福音を伝えていくことがマリア

さんのお役目だということでしょうか⁉

マリア　それはわかりませんけれど、日本には1万年以上も平和な時代が続いた縄文の歴史と叡智があります。

西洋のように、敵か味方かといった二元論ではいつまでも平和は築けない…。イエスの教えは二元論を超えていて、それは「和を以って貴しとなす」という理念を持つ日本人にこそ真に理解が可能なのではないかと思います。

日本から真実のメッセージ、イエスが伝えたかった本当の福音を世界に伝えていく使命があるのではないでしょうか。

そしてこれから大切なことはこれまでのような争いをくり返す男性性の原理ではない、愛と調和を生む女性性の原理だと思います。もちろん、女性性は肉体的な性差には関係なく、誰の中にも存在します。

マグダラのマリアの福音書は、1896年にドイツ学者のカール・ラインハルト博士がコプト語で書かれた5世紀のパピルス本をエジプトのカイロで入手してベルリンへ持ち帰り、それが『マリアの福音書』が初めて現代に知られた発端とされていて、その後、20世紀に入ってギリシャ語の断片が発見されたものの、最初のベルリン写本に新たな内容を付け加えるようなものではなかったそうです。

その主な内容は、

物質界は過ぎゆくものであり、この世と肉体には究極的な価値はなく、罪は物質的本性の欲求に従うことから生じるもので、霊的本性に立ち返ることによって罪と決別できる、

そして、すべての人の内にある真の人の子、「神の王国の似姿」を見つけることが大事で、「あそこにある」「ここにある」などと自己の外側を探し求めるものではない、

魂は死に際して肉体を離れ、天の諸領域を通過して平安な永遠の命に

上昇する、
　ことなどが述べられています。
『マグダラのマリア』という映画には、そんなイエスとマグダラのマリアの真実の姿が描かれていますので、ぜひご覧いただければと思います。
（以上、マリアさん談）

おわりに

最後までお読みくださりありがとうございます。

この書籍で一番に伝えたいことは、和をもって陽気に楽しく暮らせば皆が幸せになっていけるのではないかということであり、そのためには、女性男性ともに心の内にある女性性を再び呼び起こそうということです。競争原理ではなく調和を重視する思想へと変えていく時代が訪れたのだと思います。

そしてその源流である徳島・阿波・イ国が今大注目されています。

倭建命《やまとたけるのみこと》が故郷を想って詠んだ

【倭《やまと》は国《くに》のまほろば　畳《たた》なづく青垣《あおがき》　山籠《やまご》もれる　倭《やまと》し麗《うるわ》し】

「まほろば」とは、素晴らしい場所・住みやすい場所のことで、美しい日本の国土とそこに住む人々の心をたたえた古語です。

この歌は徳島県西部の風景だとも言われていて、まさに「やまと」の風景です。

諸説ありますが縄文の時代は人々の心は豊かでした。物質的な豊かさも必要かもしれませんが、八百万の神々を感じる生活ができることがもっと豊かな人生を送ることに直結するのだとこの数年で気づかされました。

阿波禮《あわれ》に代表されるように「あなおもしろ、あなたのし、あなさやけ」この言葉で陽気に楽しむことを体現することで、身近にあるものすべてが「まほろば」になり、我々はずっと自分の「まほろば」を追い求め探しているのだと思います。
ソロモン王の秘宝（聖櫃《アーク》）や邪馬台国は阿波であるという事柄に関しても、剣山だ！　徳島だ！　と主張ばかりするのではなく、皆の心の中に「まほろば」があり、我々のＤＮＡにその精神が息づき組み込まれていて、一人一人が大切な神であるという本質にこの書籍が気づくきっかけとなると幸せです。

最後になりましたが、この書籍出版でお世話になりましたヒカルランド社長の石井健資さま、ライターの小笠原英晃さま、インタビューを快くお受けいただいた粟飯原興禅住職、三村隆範さま、古市政春さま、マリアさま、メッセージをいただきました徳島県知事の後藤田正純さま、阿波古事記ＭＡＰや大宜都比売神のイラストを描いてくれた友人の柴田美智代ちゃん、そしてご協力くださいました皆さまに心より感謝申し上げます。

我々が蒔いた幸せの種が次の世代へと花咲くことを願います。

著者

伊庭佳代　いば かよ
阿波歴史まほろば探究家
ソロモンクロニクル 代表
美馬やまと古事記研究会 会長
合同会社 結び 代表社員
徳島県・剣山の麓に生まれる。幼少の頃からソロモンの秘宝の伝承を聞いていたのをきっかけに、地元青年会議所で『剣山・ソロモンの秘宝伝説ガイドブック』や『日本創生とにし阿波の秘密ガイドマップ』のPR誌を制作するなど、これまでにない視点から地域興し活動を行う。粟飯原興禅住職の動画制作等と共に、阿波古事記研究会（美馬やまと古事記研究会）での諸活動、さらに天皇の国師と言われた故・三上照夫氏の直弟子や四国の霊能者古市政春氏、後藤田正純徳島県知事らとの幅広い交流を通して、四国・阿波の知られざる歴史と魅力を発信し続けている。
つるぎ町貞光に複合施設【旅と文化と喫茶と日常 まほろ】を開店予定。

ソロモンクロニクル YouTube
ソロモンクロニクル Facebook
ソロモンクロニクル Instagram（88solomon8）
ソロモンクロニクル X（@88solomon8）

ヒストリカルディスクロージャー
今、蘇る古代ヤマト【阿波】と世界の中心【剣山】

第一刷 2024年9月30日

著者 伊庭佳代

発行人 石井健資
発行所 株式会社ヒカルランド
〒162-0821 東京都新宿区津久戸町3-11 TH1ビル6F
電話 03-6265-0852 ファックス 03-6265-0853
http://www.hikaruland.co.jp info@hikaruland.co.jp

振替 00180-8-496587

本文・カバー・製本 中央精版印刷株式会社
DTP 株式会社キャップス
編集担当 TakeCO

落丁・乱丁はお取替えいたします。無断転載・複製を禁じます。
©2024 Iba Kayo Printed in Japan
ISBN978-4-86742-414-8

イチオシ！ AWG ORIGIN®

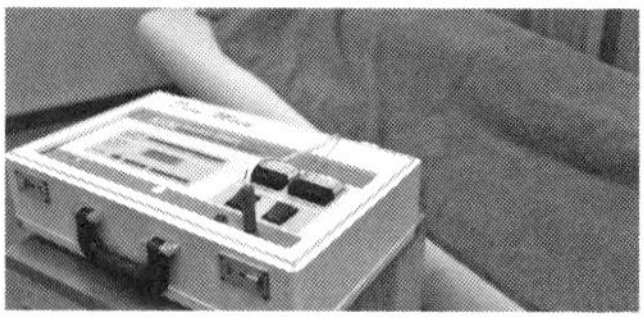

電極パットを背中と腰につけて寝るだけ。生体細胞を傷つけない 69 種類の安全な周波数を体内に流すことで、体内の電子の流れを整え、生命力を高めます。体に蓄積した不要なものを排出して、代謝アップに期待！ 体内のソマチッドが喜びます。

A. 血液ハピハピ&毒素バイバイコース
（60分）8,000円
B. 免疫 POWER UP バリバリコース
（60分）8,000円
C. 血液ハピハピ&毒素バイバイ＋
免疫 POWER UP バリバリコース
（120分）16,000円
D. 脳力解放「ブレインオン」併用コース
（60分）12,000円
E. AWG ORIGIN®プレミアムコース
（9回）55,000円
（60分×９回）各回8,000円

プレミアムメニュー

①血液ハピハピ&毒素バイバイコース
②免疫 POWER UP バリバリコース
③お腹元気コース
④身体中サラサラコース
⑤毒素やっつけコース
⑥老廃物サヨナラコース
⑦⑧⑨スペシャルコース

※２週間～１か月に１度、通っていただくことをおすすめします。

※Eはその都度のお支払いもできます。 ※180分／24,000円のコースもあります。
※妊娠中・ペースメーカーをご使用の方にはご案内できません。

イチオシ！ 【フォトンビーム×タイムウェーバー】

フォトンビーム開発者である小川陽吉氏によるフォトンビームセミナー動画（約 15 分）をご覧いただいた後、タイムウェーバーでチャクラのバランスをチェック、またはタイムウェーバーで経絡をチェック致します。

ご自身の気になる所、バランスが崩れている所にビームを３か所照射。

その後タイムウェーバーで照射後のチャクラバランスを再度チェック致します。
※追加の照射：3000 円 /1 照射につきご注意
・ペットボトルのミネラルウォーターをお持ちいただけたらフォトンビームを照射致します。

人のエネルギー発生器ミトコンドリアを
40億倍活性化！

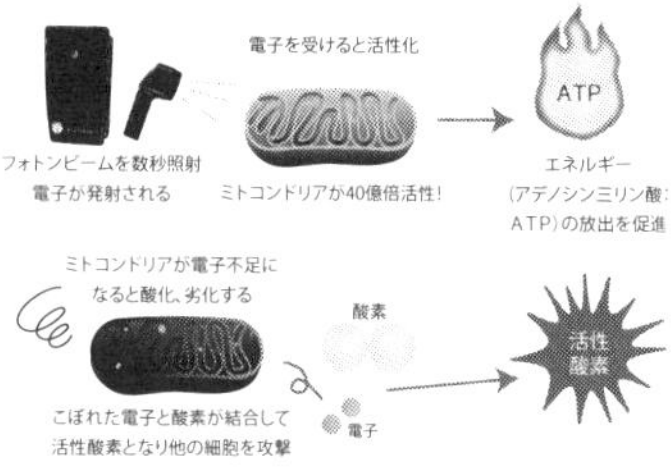

ミトコンドリアは細胞内で人の活動エネルギーを生み出しています。**フォトンビームをあてるとさらに元気になります。光子発生装置であり、酸化還元装置であるフォトンビームはミトコンドリアを数秒で 40 億倍活性化させます。**

3照射　18000円（税込） 所要時間：30～40分

☆ 大好評営業中!! ☆

元氣屋イッテル

（神楽坂ヒカルランド
みらくる：癒しと健康）

東西線神楽坂駅から徒歩２分。音響チェアを始め、AWG、メタトロン、タイムウェーバー、フォトンビームなどの波動機器をご用意しております。日常の疲れから解放し、不調から回復へと導く波動健康機器を体感、暗視野顕微鏡で普段は見られないソマチッドも観察できます。
セラピーをご希望の方は、お電話、または info@hikarulandmarket.com まで、ご希望の施術名、ご連絡先とご希望の日時を明記の上、ご連絡ください。調整の上、折り返しご連絡致します。
詳細は元氣屋イッテルのホームページ、ブログ、SNS でご案内します。
皆さまのお越しをスタッフ一同お待ちしております。

GENKIYA ★ ITTERU
元氣屋イッテル
はぴはぴヘルパー
duet with ヒカルランド

元氣屋イッテル（神楽坂ヒカルランド みらくる：癒しと健康）
〒162-0805 東京都新宿区矢来町111番地
地下鉄東西線神楽坂駅２番出口より徒歩２分
TEL：03-5579-8948 メール：info@hikarulandmarket.com
不定休（営業日はホームページをご確認ください）
営業時間11：00〜18：00（イベント開催時など、営業時間が変更になる場合があります。）
※ Healing メニューは予約制。事前のお申込みが必要となります。
ホームページ：https://kagurazakamiracle.com/

みらくる出帆社
ヒカルランドの

ITTERU BOOKS
イッテル本屋

ヒカルランドの本がズラリと勢揃い！

　みらくる出帆社ヒカルランドの本屋、その名も【イッテル本屋】。手に取ってみてみたかった、あの本、この本。ヒカルランド以外の本はありませんが、ヒカルランドの本ならほぼ揃っています。本を読んで、ゆっくりお過ごしいただけるように、椅子のご用意もございます。ぜひ、ヒカルランドの本をじっくりとお楽しみください。

ネットやハピハピ Hi-Ringo で気になったあの商品…お手に取って、そのエネルギーや感覚を味わってみてください。気になった本は、野草茶を飲みながらゆっくり読んでみてくださいね。

〒162-0821 東京都新宿区津久戸町3-11 飯田橋 TH1ビル7F　イッテル本屋

みらくる出帆社ヒカルランドが
心を込めて贈るコーヒーのお店

ITTERU COFFEE
イッテル珈琲

絶賛焙煎中！

コーヒーウェーブの究極の GOAL
神楽坂とっておきのイベントコーヒーのお店
世界最高峰の優良生豆が勢ぞろい

今あなたがこの場で豆を選び
自分で焙煎《ばいせん》して自分で挽《ひ》いて自分で淹《い》れる

もうこれ以上はない最高の旨さと楽しさ！

あなたは今ここから
最高の珈琲 ENJOY マイスターになります！

《不定期営業中》

◉イッテル珈琲（コーヒーとラドン浴空間）
http://www.itterucoffee.com/
ご営業日はホームページの
《営業カレンダー》よりご確認ください。
セルフ焙煎のご予約もこちらから。

イッテル珈琲
〒162-0825　東京都新宿区神楽坂 3-6-22　THE ROOM 4 F

不思議・健康・スピリチュアルファン必読！
ヒカルランドパークメールマガジン会員とは??

ヒカルランドパークでは無料のメールマガジンで皆さまにワクワク☆ドキドキの最新情報をお伝えしております！　キャンセル待ち必須の大人気セミナーの先行告知／メルマガ会員だけの無料セミナーのご案内／ここだけの書籍・グッズの裏話トークなど、お得な内容たっぷり。下記のページから簡単にご登録できますので、ぜひご利用ください！

◀ヒカルランドパークメールマガジンの
登録はこちらから

ヒカルランドの新次元の雑誌「ハピハピ Hi-Ringo」
読者さま募集中！

量子加工済み♪

Vol.7 発行中！

ヒカルランドパークの超お役立ちアイテムと、「Hi-Ringo」の量子的オリジナル商品情報が合体！　まさに“他では見られない”ここだけのアイテムや、スピリチュアル・健康情報満載の１冊にリニューアルしました。なんと雑誌自体に「量子加工」を施す前代未聞のおまけ付き☆持っているだけで心身が“ととのう”声が寄せられています。巻末には、ヒカルランドの最新書籍がわかる「ブックカタログ」も付いて、とっても充実した内容に進化しました。ご希望の方に無料でお届けしますので、ヒカルランドパークまでお申し込みください。

ヒカルランドパーク
メールマガジン＆ハピハピ Hi-Ringo お問い合わせ先
- お電話：03－6265－0852
- FAX：03－6265－0853
- e-mail：info@hikarulandpark.jp
- メルマガご希望の方：お名前・メールアドレスをお知らせください。
- ハピハピ Hi-Ringo ご希望の方：お名前・ご住所・お電話番号をお知らせください。

本といっしょに楽しむ イッテル♥ Goods&Life ヒカルランド

天然のゼオライトとミネラル豊富な牡蠣殻で 不要物質を吸着して体外に排出！

コンドリの主成分「G セラミクス」は、11 年以上の研究を継続しているもので、天然のゼオライトとミネラル豊富な牡蠣殻を使用し、他社には真似出来ない特殊な技術で熱処理され、製造した「焼成ゼオライト」（国内製造）です。
人体のバリア機能をサポートし、肝臓と腎臓の機能の健康を促進が期待できる、安全性が証明されている成分です。ゼオライトは、その吸着特性によって整腸作用や有害物質の吸着排出効果が期待できます。消化管から吸収されないため、食物繊維のような機能性食品成分として、過剰な糖質や脂質の吸収を抑制し、高血糖や肥満を改善にも繋がることが期待されています。ここにミネラル豊富な蛎殻をプラスしました。体内で常に発生する活性酸素をコンドリプラスで除去して細胞の機能を正常化し、最適な健康状態を維持してください。
掛川の最高級緑茶粉末がたっぷり入って、ほぼお茶の味わいです。パウダー 1 包に 2 カプセル分の「G セラミクス」が入っています。ペットボトルに水 250ml とパウダー 1 包を入れ、振って溶かすと飲みやすく、オススメです。

ZEOLITE kondri+

パウダータイプ

コンドリプラス・パウダー10（10 本パック）
4,644 円（税込）
コンドリプラス・パウダー 50（50 本パック）
23,112 円（税込）

カプセルタイプ

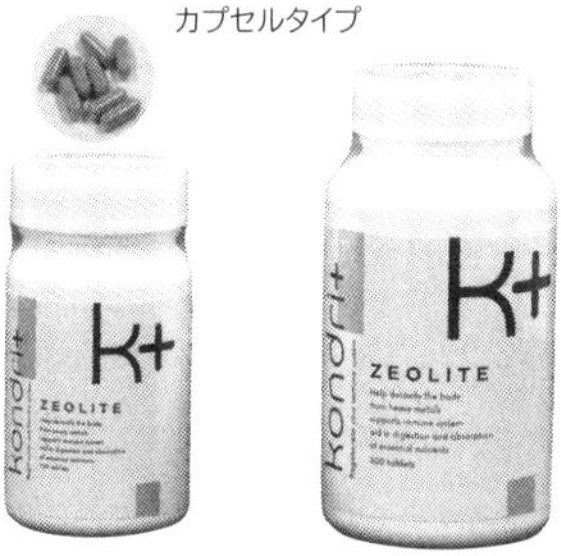

コンドリプラス 100
（100 錠入り）
23,112 円（税込）

コンドリプラス 300
（300 錠入り）
48,330 円（税込）

水に溶かして飲む緑茶味のパウダータイプと、さっと飲めるカプセル状の錠剤の 2 タイプ。お好みに合わせてお選び下さい。

コンドリプラスは右記 QR コードからご購入頂けます。

QR のサイトで購入すると、35％引き！

定期購入していただくと 50％引きになります。

ご注文はヒカルランドパークまで TEL03-5225-2671 https://www.hikaruland.co.jp/

＊ご案内の価格、その他情報は発行日時点のものとなります。

本といっしょに楽しむ イッテル♥ Goods&Life ヒカルランド

酸化防止！
食品も身体も劣化を防ぐウルトラプレート

プレートから、もこっふわっとパワーが出る

「もこふわっと　宇宙の氣導引プレート」は、宇宙直列の秘密の周波数（量子ＨＡＤＯ）を実現したセラミックプレートです。発酵、熟成、痛みを和らげるなど、さまざまな場面でご利用いただけます。ミトコンドリアの活動燃料である水素イオンと電子を体内に引き込み、人々の健康に寄与し、飲料水、調理水に波動転写したり、動物の飲み水、植物の成長にも同様に作用します。本製品は航空用グレードアルミニウムを使用し、オルゴンパワーを発揮する設計になっています。これにより免疫力を中庸に保つよう促します（免疫は高くても低くても良くない）。また本製品は強い量子ＨＡＤＯを360度5メートル球内に渡って発振しており、すべての生命活動パフォーマンスをアップさせます。この量子ＨＡＤＯは、宇宙直列の秘密の周波数であり、ここが従来型のセラミックプレートと大きく違う特徴となります。

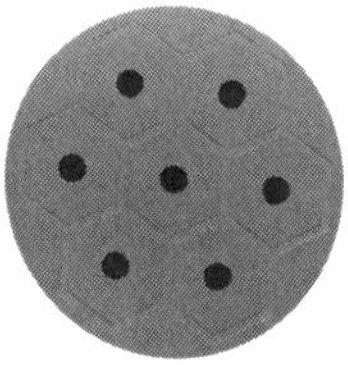

持ち運び楽々小型版！

もこふわっと
宇宙の氣導引プレート

39,600円（税込）

サイズ・重量：直径約12㎝　約86g

ネックレスとして常に身につけておくことができます♪

みにふわっと

29,700円（税込）

サイズ・重量：直径約4㎝　約8g

素材：もこふわっとセラミックス

使用上の注意：直火での使用及びアルカリ性の食品や製品が直接触れる状態での使用は、製品の性能を著しく損ないますので使用しないでください。

ご注文はヒカルランドパークまで TEL03-5225-2671　https://www.hikaruland.co.jp/

＊ご案内の価格、その他情報は発行日時点のものとなります。

本といっしょに楽しむ イッテル♥ Goods&Life ヒカルランド

二酸化炭素を酸素に変える アメージングストール

酸素の力で、身も心もリフレッシュ

Hi-Ringo の息楽マジック誕生です！　それはまるで酸素を身に纏うようなもの!?　二酸化炭素を酸素に変える画期的な布地が誕生しました！　首に巻く、頭に巻く、肩を覆う、マスク代わりに、枕カバーにも（登山にもグッド）。ＥＱＴ量子最適化加工※をしたものもご用意してあります！　何かと酸素の薄い都会で日々日常のスーパーボディガードとしてお使い下さい。

人はストレスを感じると呼吸が速く浅くなり、酸素が不足します。また、長時間同じ姿勢でいても血行が悪くなり身体を巡る酸素量が減少してしまいます。酸素が足りなくなると、全身のエネルギー不足が起き、疲れやすい、注意力の低下、頭痛、不眠、血がドロドロになるなどの様々な不調や内臓への負担がかかると言われています。デスクワークやストレスのお供に家でも外でも使える「サンソニア息楽ストール」をお役立て下さい。

※最先端の量子テレポーテーションを用いた特殊技術。モノの量子情報をあらゆるレベルで最適化。

Hi-Ringo【CO_2 ☞O_2】還元 サンソニア息楽ストール

EQT加工無し　22,000円（税込）

EQT量子最適化加工付き　6,690 円もお得にご提供！

（ご注文後から 90日間 9,990円相当）

25,000円（税込）

サイズ：79.5cm× 49cm

カラー：ブルー /ピンク　素材：綿 100%

洗濯：手洗い /漂白処理不可 /タンブル乾燥機不可 /日影でのつり干し乾燥 /アイロン不可 /クリーニング不可

ご注文はヒカルランドパークまで TEL03-5225-2671　https://www.hikaruland.co.jp/

＊ご案内の価格、その他情報は発行日時点のものとなります。

本といっしょに楽しむ イッテル♥ Goods&Life ヒカルランド

多周波数の調和で身体と心にハーモニーを

多周波数による「多共振」により、身体の各部位に共鳴して作用

人体は「電気」によって動いていて、物体に特有の「振動」、その振動の「周波数」、周波数の「周期」・「波長」が波動となって、電子、原子レベルにまで影響を与えています。私たちの身体の神経経路を流れる電気信号は、細胞一つ一つから臓器のそれぞれまで影響しあっていて、これらのコミュニケーションがバランスを崩すと、健康とはいえない状態になると言われています。ＷＡＶＥ発生器は多周波数による「多共振」により、身体の各部位に共鳴して作用します。フォトンメガ・ウェーブは２０００種類、フォトンギガ・ウェーブは６０００種類の周波数が封じ込められていて、身体のあらゆる部位をニュートラル（本来の姿）へと導きます。また、メビウスコイルが内蔵され「ゼロ磁場」を作り出しており、部屋の中に置くだけで、場をイヤシロチ（快適で心地よい空間）にし、集中力アップや、瞑想、リラクゼーションを深めるように促します。最近話題のヒーリング機器、フォトンビーム、ピュアレイに使われているテクノロジーも秘かに加えてあります。

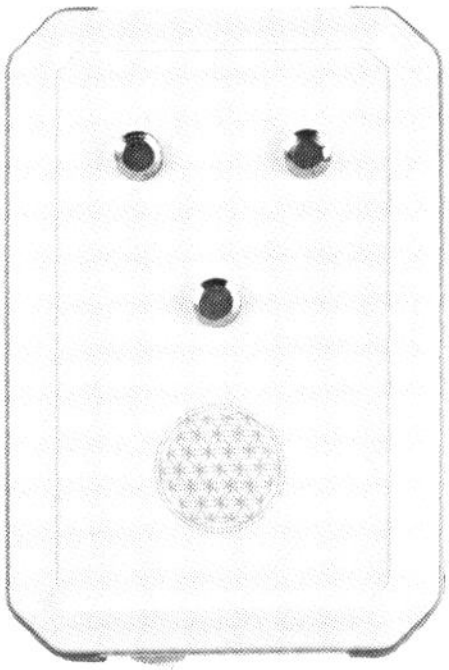

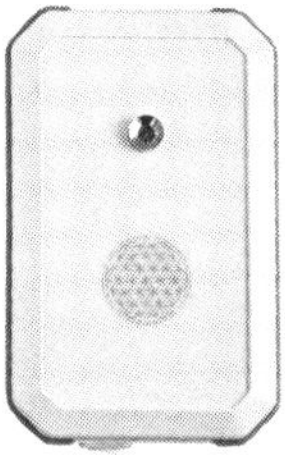

フォトンギガ WAVE	フォトンメガ WAVE
220,000円（税込）	90,000円（税込）
幅 130㎜×長さ 180㎜×厚さ 30㎜	幅 85㎜×長さ 115㎜×厚さ 15㎜

ご注文はヒカルランドパークまで TEL03-5225-2671　https://www.hikaruland.co.jp/

＊ご案内の価格、その他情報は発行日時点のものとなります。

本といっしょに楽しむ イッテル♥ Goods&Life ヒカルランド

重ねて貼ってパワーアップ！
電源なしで高周波を出す不思議なシール

貼付物の電気効率がアップ！

幾何学図形が施されたこのシールは、電源がないのに高周波を発生させるというシールです。通電性インクを使い、計画的に配置された幾何学図形が、空間の磁場・電磁波に作用することで高周波が発生しています。炭素埋設ができない場所で磁場にアプローチできるグッズとして開発されたもので、検査機関において高周波が出ていることが確認されています。高周波が周囲の電気的ノイズをキャンセルするので、貼付物の電気効率がアップします。お手持ちの電化製品、携帯電話などの電子機器、水道蛇口まわり、分電盤、靴、鞄、手帳などに貼ってみてください。シール種類は、８角形、５角形、６角形があり、それぞれ単体でも使えますが、実験の結果、上から８角形・５角形・６角形の順に重ねて貼ると最大パワーが発揮されることがわかっています。

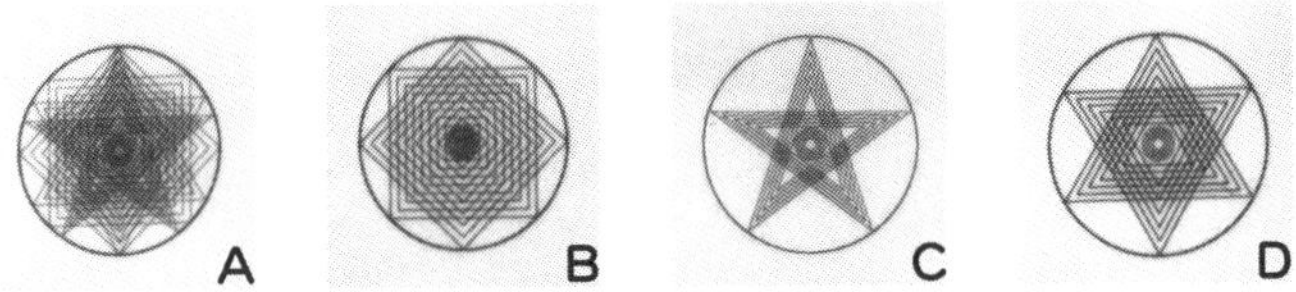

8560（ハゴロモ）シール

A 和（多層）	：1シート10枚	5,500円	（税込）
B 8（8角形）	：1シート10枚	1,100円	（税込）
C 5（5角形）	：1シート10枚	1,100円	（税込）
D 6（6角形）	：1シート10枚	1,100円	（税込）

カラー：全シール共通、透明地に金 サイズ：［シール本体］直径30mm ［シート］85×190mm 素材：透明塩化ビニール

使い方：「8560シール・8(8角形)、5(5角形)、6(6角形)」それぞれ単体で貼って使用できます。よりパワーを出したい場合は上から8角形・5角形・6角形の順に重ねて貼ってください。「8560シール・和(多層)」は1枚貼りでOKです。

ご注文はヒカルランドパークまで TEL03-5225-2671 https://www.hikaruland.co.jp/

＊ご案内の価格、その他情報は発行日時点のものとなります。

ヒカルランド　好評既刊！

地上の星☆ヒカルランド　銀河より届く愛と叡智の宅配便

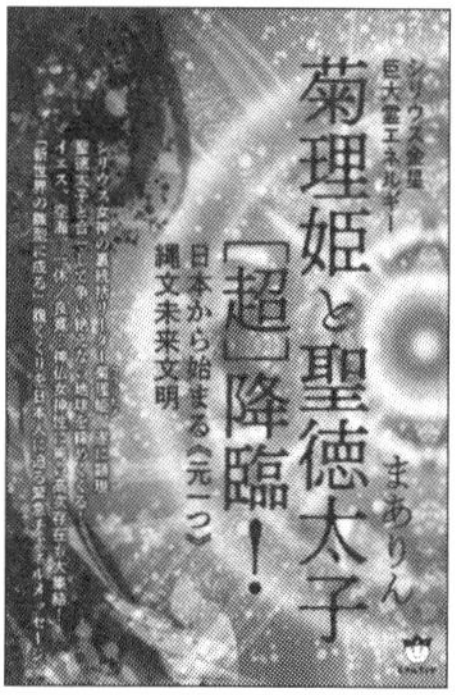

シリウス金星巨大霊エネルギー
菊理姫と聖徳太子［超］降臨！
日本から始まる《元一つ》縄文未来文明
著者：まありん
四六ソフト　本体 1,800円+税

金粉舞う響き、宇宙深淵（神縁）への超誘い！
空海からの【龍音】シンギングボウル
著者：伊藤てんごく。
四六ソフト　本体 1,800円+税

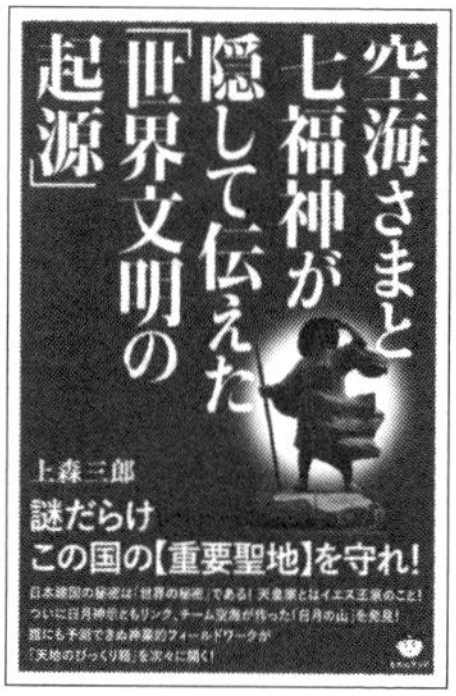

空海さまと七福神が隠して伝えた「世界文明の起源」
謎だらけこの国の【重要聖地】を守れ！
著者：上森三郎
四六ソフト　本体 2,222円+税

今明かされるヤマトの黙示録
聖徳太子コード 地球未然紀［上巻］
著者：中山康直
Ａ５ソフト　本体 2,500円+税

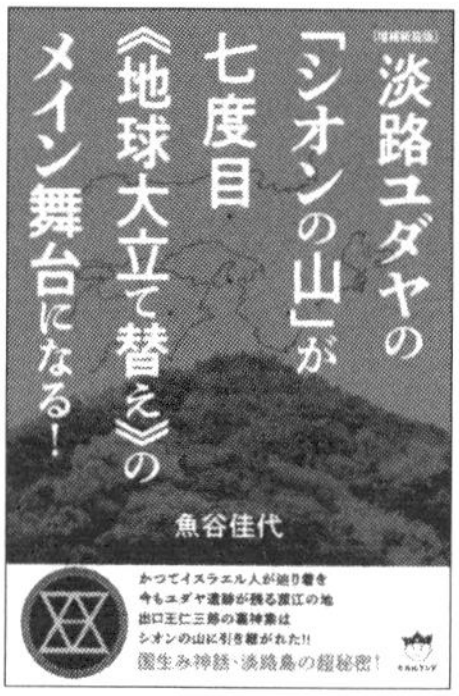

［増補新装版］淡路ユダヤの「シオンの山」が七度目《地球大立て替え》のメイン舞台になる！
著者：魚谷佳代
四六ソフト　本体 2,000円+税

ユダヤ宝石商は、なぜ四国の剣山を買ってくれと私に頼んだか
著者：佐野行俊
四六ソフト　本体 1,800円+税

ヒカルランド　好評既刊！

地上の星☆ヒカルランド　銀河より届く愛と叡智の宅配便

【完全版】ホツマ・カタカムナ・竹内文書・先代旧事本紀
著者：エイヴリ・モロー
監訳：宮崎貞行
四六ハード　本体 3,000円+税

時空大激震
山窩（サンカ）直系子孫が明かす【超裏歴史】
日本史も世界史も宇宙史までもがひっくり返る?!
著者：宗源
四六ソフト　本体 2,200円+税

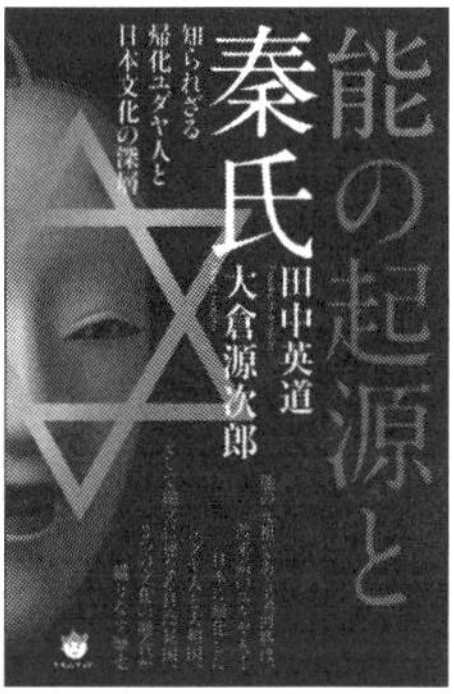

能の起源と秦氏
知られざる帰化ユダヤ人と日本文化の深層
著者：田中英道／大倉源次郎
四六ハード　本体 2,000円+税

ユダヤ人は日本に同化した
言語比較から見るヘブライ語と日本語
著者：田中英道
四六ソフト　本体 2,500円+税

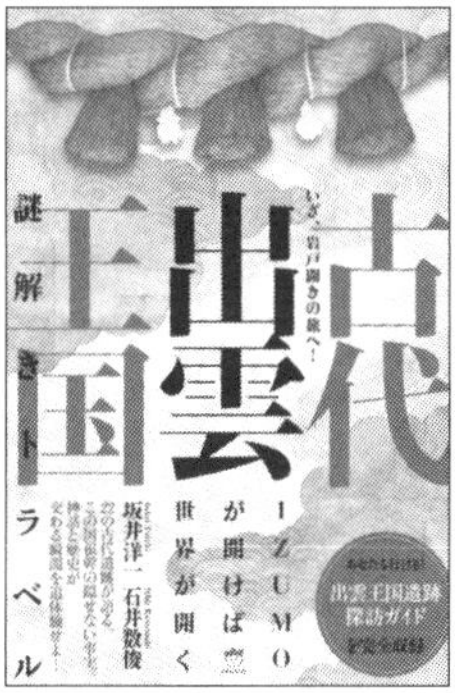

いざ、岩戸開きの旅へ！
古代出雲王国　謎解きトラベル
著者：坂井洋一／石井数俊
四六ソフト　本体 2,000円+税

縄文の世界を旅した初代スサノオ
九鬼文書と古代出雲王朝でわかる ハツクニシラス【裏／表】の仕組み
著者：表 博耀
四六ソフト　本体 2,200円+税

ヒカルランド　好評既刊!

地上の星☆ヒカルランド　銀河より届く愛と叡智の宅配便

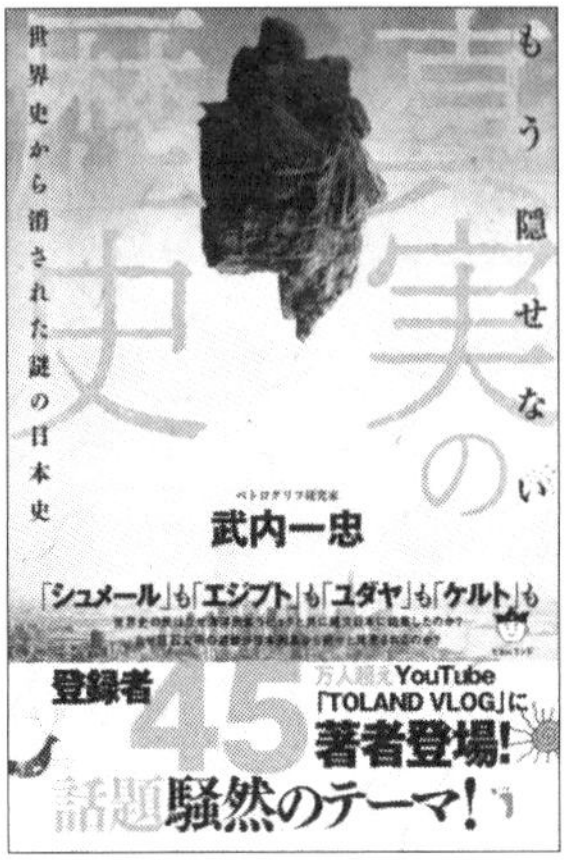

真実の歴史
著者：武内一忠
四六ソフト　本体 2,500円+税

盃状穴 探索ガイドブック
著者：武内一忠
新書サイズ　本体 1,300円+税

日本からあわストーリーが始まります
著者：香川宜子
四六ソフト　本体 1,815円+税

つるぎやまの三賢者
著者：香川宜子
四六ソフト　本体 2,000円+税